die mit dem panther
herausgegeben von Uwe Wandrey

Wie schafft ihr das?

Mädchen fragen Frauen

Herausgegeben von
Gisela Krahl

rororo
Rowohlt

Gisela Krahl, geb. 1944; lebt in Hamburg;
arbeitet in der rotfuchs-Redaktion des
Rowohlt Taschenbuch Verlages.

Originalausgabe
Veröffentlicht im Rowohlt Taschenbuch Verlag GmbH,
Reinbek bei Hamburg, März 1980

Redaktion Jutta Lieck
Umschlagentwurf Manfred Wiesmüller
unter Verwendung eines Fotos von Digne Meller-Marcovicz

Gesetzt aus der Times (Linotron 404)
Gesamtherstellung Clausen & Bosse, Leck
Printed in Germany
480-ISBN 3 499 14509 X

Inhaltsverzeichnis

Wie dieses Buch entstand

Ich habe mir die Mädchen für dieses Interview-Buch nicht ausgesucht. Das Buch entstand, weil ich die Mädchen kannte. Ulrike, Elisabeth und Christine sind in einer Situation, in der sich die meisten Mädchen in diesem Alter befinden: Sie sind entweder finanziell oder emotional von den Eltern abhängig, in den meisten Fällen beides. Die Abnabelung vom Elternhaus beginnt und wird nicht von beiden Seiten zur gleichen Zeit und gleichermaßen gewünscht und gefördert. Daraus entstehen Konflikte mit den Eltern, die Mädchen sind unsicher und unselbständig, wissen nicht, was sie einmal machen sollen und wie sie werden wollen. Sie wissen nur, was sie ablehnen: Spießertum, Langeweile, eintönige Arbeit, Karrierestreben. Große Liebe? Hausfraumutterkind? Du spinnst ja! Jedenfalls nicht so wie die das früher machten.

Unterdrückung durch den Mann ist ihr Problem. Nur partnerschaftliche Beziehungen zählen, Emanzipation geht Mann und Frau an. Sie haben keine Lust, in die alten Geschlechterrollen hineinzuschliddern, sie denken nicht weiblich, sondern menschlich und haben einen besseren politischen Durchblick als die Generationen von Frauen vor ihnen.

Bis zum Schulabschluß haben nur wenige von ihnen etwas geleistet, was in den eigenen Augen Anerkennung verdient. Alle Anstrengungen, besonders die schulischen, wurden von den Erwartungen der Eltern und Lehrer bestimmt und werden dementsprechend nicht als eigener Antrieb und Erfolg gewertet.

Diese Mädchen wollen was Eigenes, was anderes machen. Identität, Beruf, Kinder, Interessen, Begabungen – wie läßt sich das alles miteinander vereinbaren?

Die Wünsche und die Fragen sind groß und umfassend, absolut und ehrgeizig. Im Gespräch mit Müttern oder Verwandten laufen die Antworten meist auf Ratschläge hinaus, die unbefriedigend bleiben, weil

sie von Zielstrebigkeit, Sicherheitsdenken und Beschränkung geprägt sind.
Ich habe versucht, Frauen aus den unterschiedlichsten gesellschaftlichen Bereichen zu finden, die auf Grund ihrer verschiedenartigen Erfahrungen und Erkenntnisse interessant für die Mädchen sein würden. Die Mädchen kannten die Frauen nicht, die Frauen wußten nicht, was auf sie zukommt, und die Gespräche haben sich spontan entwickelt. Die Frauen berichteten von ihren persönlichen Erfahrungen und Erkenntnissen, ohne ihre Aussagen durch eine ratgebende Absicht zu färben oder zu filtern. Weil sie das Interesse an ihrer Person und die Wißbegierde der Mädchen spürten, konnten sie persönlich und unmittelbar bleiben, und gerade das machte ihre Erkenntnisse übertragbar. So war es den Mädchen möglich, Parallelen zu ihrer eigenen Situation herzustellen.
Während der Arbeit an diesem Buch und beim abschließenden Interview mit den Mädchen selbst spürte ich, daß die Mädchen ein stärkeres Selbstbewußtsein bekommen hatten, daß sie Lust am Gespräch entwikkelt hatten und daß sie angeregt worden waren zum Nachdenken und Weiterdenken. Um zu zeigen, wie die Mädchen sich mit dem, was die Frauen zu sagen hatten, auseinandergesetzt haben und welche Erkenntnisse für sie selbst wichtig geworden sind, folgen im Anschluß an jedes Interview einige Stellungnahmen aus der Sicht der Mädchen. Die Gespräche lösten eigene Aktivitäten bei den Mädchen aus. Vielleicht ist diese Erfahrung für sie noch wichtiger als die Erkenntnisse, die an sie weitergegeben wurden. Diesen Prozeß als Ergebnis zu vermitteln ist der Sinn dieses Buches.

Oktober 1979

Ich bin Ulrike Zanger. Ich bin neunzehn Jahre und mache gerade das Abitur. Fünfzehn Jahre, bis zur Scheidung meiner Eltern, habe ich in einer verhältnismäßig intakten Familie gelebt. Ich habe auch jetzt noch eine enge, aber nicht abhängige Beziehung zu meinem Vater, meiner Mutter und meiner jüngeren Schwester. Nach der Scheidung bin ich zu meinem Vater gezogen, wo ich eigentlich das machen konnte, was ich wollte. Das Abitur mache ich noch, weil ich meine, daß ich während der Schulzeit einen größeren Freiraum für mich habe, als wenn ich arbeiten würde.
Ich bin sehr gern allein, viel lieber als in Gruppen, deswegen habe ich mir jetzt eine eigene Wohnung gesucht. Ich will mal ausprobieren, ob ich wirklich allein leben kann. Mein Vater wird mich in der nächsten Zeit noch finanziell unterstützen. Was ich nach der Schule mache, weiß ich noch nicht genau. Auf jeden Fall möchte ich nicht so einen vorgezeichneten Weg gehen und in so einen üblichen Lebenslauf mit Studium oder Lehre und dann ins Angestelltenleben hineinschliddern. Ich möchte es gern anders machen, aber dafür muß ich mich erst mal für eine Weile auf mich konzentrieren, damit ich herausfinde, was für mich gut ist.

Ich bin Elisabeth Hempel. Bis ich neunzehn war, habe ich bei meinen Eltern gewohnt. Ich wurde sehr autoritär und konservativ erzogen und bin frühzeitig ausgezogen, weil ich endlich selbständig sein wollte. Das hat für mich aber hauptsächlich bedeutet, gegen alle Erwartungen und Zwangsmaßnahmen meiner Eltern zu protestieren. Ich habe zwei Jahre lang ziemlich chaotisch gelebt, weil ich Wege suchte, so zu leben, wie ich will. Aus der Protesthaltung haben sich für mich ziemlich negative Sachen ergeben, die ich jetzt auch erkenne. Zum Beispiel tut es mir jetzt schon manchmal leid, daß ich nun das Abitur nicht habe. Am problematischsten ist aber im Moment, daß ich noch gar nicht existiere, weil ich bis jetzt hauptsächlich damit beschäftigt war, mich von Zwängen zu befreien und meine Eigenart herauszufinden. Das ist so irreal. Wichtig ist jetzt für mich, daß ich etwas Realistisches anpacke, und darum habe ich mich für eine Ausbildung entschieden. Ich werde an die Kunsthochschule gehen.

Ich bin Christine Brandt. Ich bin sechzehn und habe den Realschulabschluß gerade hinter mir. Zur Zeit mache ich ein Praktikum im Krankenhaus, denn ich will Krankenschwester werden. Eine Lehrstelle habe ich allerdings noch nicht. Ich werde davon auch nicht mein ganzes Leben abhängig machen. Angst habe ich nicht. Wenn ich die Lehrstelle nicht bekomme, mache ich auch was anderes, da kann ich auch umdenken. Als ich vierzehn war, starb meine Mutter. Jetzt lebe ich mit meinem Vater und meinem jüngeren Bruder zusammen. Mein Vater sieht nicht ein, daß ich schon ziemlich selbständig bin, auf der anderen Seite bin ich auch ganz schön überfordert als einzige Frau im Haus. Mein Bruder wird zum Beispiel längst nicht so im Haushalt eingesetzt wie ich. Aber ich glaube, mein Vater hat auch ganz starke Probleme.

Es gibt einem enorme Stärke, wenn man merkt, man schafft es, sich zu wehren

Susanne Klippel, 26 Jahre, München und anderswo

1972 bin ich nach Hamburg gezogen, weil ich an der Hochschule für Bildende Künste studieren und dann Malerin werden wollte. Aber vieles an der ganzen Ausbildung war mir zu formal und hatte nichts mit «Leben» zu tun. Deshalb bin ich nach St. Pauli gezogen und habe dann dort vier Jahre gelebt und in der Zeit die Menschen, die dort leben, porträtiert. Das waren für mich so eine Art Alltagshelden. Mit den Mitteln, die ich an der Kunsthochschule gelernt hatte, war das allerdings nicht möglich, das war mir sehr schnell klar. Zeichnen und Malen ist Kunst, und Kunst gehört ins Museum. Ich wollte Bilder machen, mit denen die St. Paulianer selbst etwas anfangen konnten, und bei denen sie mir sagen konnten, was ihnen gefiel und was nicht. Also habe ich Fotos gemacht. Als Fotografin gehörte ich zu ihrem Alltag und fotografierte Läden, Babies und Haustiere. Ich habe dann auch ein Buch gemacht von den Frauen in St. Pauli. (Schwarz war ihr Haar, die Augen wie zwei Sterne so klar, Frauenbuchverlag, München.)

Das Studium habe ich aber fertig gemacht und auch das Examen. Dann habe ich mir einen VW-Bus gekauft und darin eine Dunkelkammer eingerichtet. Damit bin ich dann eine Weile herumgefahren und habe Fotoreportagen gemacht. In Gorleben zum Beispiel

und überall, wo sich Bürgerinitiativen gebildet haben und Atomkraftgegner protestiert haben. Ich habe jetzt einen Wohnsitz in München.
Ich bin schon politisch engagiert, aber ich habe mich die ganzen Jahre nicht in einer Gruppe engagiert. Ich konnte mich nirgends organisieren, ich habe es versucht, aber nach kurzer Zeit immer große Probleme gesehen. Ich war eine Zeitlang mal in einer Kulturgruppe der KPD und habe dort unheimlich miese Erfahrungen gemacht und habe gemerkt, daß das einfach mit dem, was ich will, zu wenig zu tun hat, um dabei zu bleiben. Dann habe ich noch mal versucht, mit irgendwelchen Spontis Kontakt zu haben, was aber auch schwierig war. Deshalb mache ich es jetzt so, daß ich meine politischen Ideen in meinen Arbeiten ausdrücke, zum Beispiel in meinem Fotobuch, das ich gemacht habe (Lieber sich gesund schimpfen als krank heulen. Frauenbuchverlag, München.) Es geht da um eine Frau, die sehr alt ist, sie ist heute achtzig, und die dieselben politischen Ideen hatte wie ich. Der Text ist von dieser Frau. Sie spricht, und ich habe sie dabei fotografiert. Für mich war das so eine ganz geschickte Sache. Ich konnte meine ganzen Ideen reinbringen und dabei sagen, daß das von einer achtzigjährigen Frau ist, der man das noch eher glaubt als mir. Das habe ich also in den letzten vier Jahren so versucht zu machen, deshalb habe ich das auch ganz gut ausgehalten, für mich allein zu arbeiten, weil ich immer mit solchen Leuten zusammengekommen bin, und mit der Arbeit halt so meine politischen Ziele verfolgt habe.
Aber du bereust auch diese vier Jahre nicht, die hinter dir liegen?
Nein, gar nicht. Weil sich in dieser Zeit auch unheimlich viel für mich abgespielt hat und ich mich ziemlich verändert habe. Ich habe viele Leute kennengelernt, mit denen ich zusammen arbeiten kann. Das war irgendwie ein notwendiger Prozeß für mich und dazu eine unheimlich schöne Zeit.
Würdest du dich jetzt vielleicht wieder irgendwo fest niederlassen?
Ja, das habe ich schon getan. Ich bin jetzt in München und will da beim «Blatt» arbeiten. Das ist so eine Stadtzeitung, eine undogmatische. Das sind Leute, die versuchen, ihre politischen Ideen und Ziele mit sehr witzigen Ideen durchzusetzen. Ich freue mich jedenfalls darauf, mit diesen Leuten arbeiten zu können.
Aber das ist jetzt nicht für dich wie ein Ziel, das du nun erreicht hast, sondern eine der vielen Möglich-

keiten, die du dir immer so vorstellst?
Ja, das ist für mich eine Etappe. Das ist das, wozu ich im Moment wirklich Lust habe, deswegen kann es schon sein, daß sich das länger hinzieht.
Hast du überhaupt irgendwelche Ziele, Dinge, die du an dir oder deinem Leben noch mal verändern möchtest?
Ja, damit hängt es auch zusammen, daß ich jetzt nach München gehe. Ich möchte zum Beispiel in Zukunft mehr mit anderen Leuten machen. Seitdem das bei mir so gut mit den Fotos und meinen Büchern läuft, habe ich gemerkt, daß man unmerklich doch in den Dreh kommt, daß man sehr viel arbeitet, und es gar nicht mehr anders macht als die anderen auch. Wenn man mal so einen Erfolg hatte, auch wenn es nur ein kleiner ist, dann wird man auch von den anderen Leuten ganz anders angeschaut. Man muß eben wahnsinnig aufpassen, daß man nicht selbst von sich denkt, daß man die Größte ist und alles prima läuft. Nach einer Weile plant man das alles und wird dadurch unheimlich geschickt. Also das will ich jetzt ganz schnell abstellen und versuchen, so viel wie möglich mit diesen Leuten zu machen. Ich will das einfach mal alles etwas lockerer sehen und nicht wie in den letzten Jahren, immer nur planen und kleine Ziele feststecken und daran arbeiten, um diese auch immer zu erreichen oder zu verfolgen. Ich will mich auch mehr darum kümmern, was die Leute für persönliche Probleme haben, wo ich mal meine Zeit investiere, was ich in den letzten Jahren nicht gemacht habe. Da ließ ich nichts anderes an mich rankommen, sondern habe das immer weggeschoben.
Willst du mal heiraten?
Nein, heiraten will ich auf keinen Fall, aber mit jemandem zusammen was machen, das schon. Das kann ich mir schon vorstellen. Aber ich würde das nie so sehr nur auf einen beziehen. Der Mann, in den ich mich jetzt verliebt habe, der arbeitet eben mit Leuten zusammen, die ich alle unheimlich gern mag. In dem Rahmen habe ich jetzt mit ihm so ein gemeinsames Ziel, aber auch mit den anderen Leuten. Dabei fühle ich mich auch sehr wohl. Ich habe keine Bedenken, daß das jetzt so eine isolierte Sache ist.
Würdest du denn jetzt zum Beispiel mit diesem Mann auch in eine andere Stadt gehen?
Das kommt sehr darauf an. Wenn ich den Eindruck habe, daß das jemand ist, der eigentlich dasselbe will wie ich, dann würde ich auch gern mit ihm zusammenbleiben.

Wenn das mit den Zielen auch etwas zu tun hätte, würde ich auch mit ihm in eine andere Stadt gehen wollen. Ein Beispiel: Wenn jetzt in Lüchow-Dannenberg mit der Wiederaufbereitungsanlage viel passieren würde, und es notwendig wäre, daß da noch mehr Leute hinziehen, und er würde dahin wollen, dann würde ich auch mitgehen, weil mich das auch interessiert.

Es muß also mehr sein, nicht nur so private Gründe. Es ist also nicht dein Ziel, unbedingt mit jemandem zusammenzuleben?

Doch irgendwie schon, ich möchte also in Zukunft nicht mehr allein leben. Gar nicht mal, weil ich das so schwierig finde, sondern weil ich das ein bißchen sinnlos finde. Ich finde den Trend in der Gesellschaft, sich so zu vereinzeln – jeder hat sein Appartement und so weiter – völlig sinnlos. Ich frage mich, was dann ein Leben überhaupt soll.

Du möchtest also generell mit Menschen zusammensein, die dir gefallen, nicht nur mit einer Person allein?

Ja, genau. Das ist mir schon wichtiger. Obwohl ich das natürlich auch sehr schön finde, mit einem Mann allein zusammen zu sein, wenn ich, wie jetzt, verliebt bin.

Würdest du auch anderen raten, mehr in der Gruppe etwas zu tun als nur allein seine Pläne zu verwirklichen?

Also, ich habe dazu gar keine bestimmten Meinungen. Ich finde, jeder kann und soll das so machen, wie er es will. Ich finde auch viele Leute toll, die ganz allein leben. Die Emilie Meier z. B. lebt ja seit Jahrzehnten allein. Ich sehe nur im Moment so eine Entwicklung in dieser Gesellschaft, daß immer mehr Beziehungen auseinandergehen und die Leute sich mehr und mehr auf sich selbst zurückziehen. Diese Entwicklung finde ich beschissen. Aber darüber hinaus, wenn jemand allein leben möchte und sich dabei wohl fühlt, finde ich das auch in Ordnung. Nur diese Resignation, warum man nicht zusammen kann, finde ich sehr schlimm. Daß man zum Beispiel seinen eigenen Fernseher braucht, um selbst bestimmen zu können, welches Programm man wählt, oder seine eigene Einrichtung braucht, weil man den Geschmack des anderen nicht ertragen kann, das finde ich eine ganz üble Entwicklung.

Eigentlich verläuft dein Leben planlos. Du nimmst alles spontan, wie es kommt, und baust es entweder in dein Leben mit ein oder läßt es außen vor.

Also am Anfang habe ich es nicht so geplant, weil ich auch gar nicht gewußt habe, daß man ein Leben so planen kann, das habe ich auch erst relativ spät gemerkt, so mit einundzwanzig erst. Dann habe ich aber eine ganze Weile mein Leben doch sehr geplant. Ich habe mir gesagt, daß ich nicht Lehrer werden will und daß das für mich auch Konsequenzen hat. Also, ich kann nicht fertig studieren und dann einfach dasitzen, ohne irgendwas zu haben. Ich habe mich schon vorher darum bemüht, schon mal mit dem anzufangen, was ich eigentlich will. Ich hatte mir dann den Plan gemacht, noch zwei Jahre zu studieren und die Zeit dazu zu nutzen, um mir etwas aufzubauen, damit ich etwas habe, wovon ich leben kann. Also ich habe das schon alles ziemlich geplant, was ich jetzt auch nicht mehr so machen möchte oder anders machen möchte. Ich habe jetzt das Gefühl, daß alles bei mir so läuft, ohne daß ich mich dafür anstrengen muß.

Dieses Planen muß ja nicht unbedingt bedeuten, daß man sich bestimmte Ziele steckt, die man nach und nach erreichen muß. Eigentlich ist ja damit nur eine gewisse Struktur gemeint, die du vielleicht auch hast, selbst wenn du jetzt alles vollkommen fallen lassen würdest.

Ja, ich habe schon ganz bestimmte Wertvorstellungen, die ich aber schon bestimmt etwa zehn Jahre habe. Als ich damals von der Waldorfschule aufs Gymnasium gegangen bin, hat mich das erst mal sehr geschockt, als ich sah, was da so abläuft. Das war alles für mich außerhalb der Welt, in der ich bis dahin gelebt hatte. Da hatte ich eine Phase, wo ich mir fast ein ganzes Jahr über ständig überlegt habe, was ich später nicht will, und mir ganz bestimmte Dinge vorgenommen habe, unter anderem auch sehr kleine Dinge, wie: Ich werde bestimmt nie und nimmer jemanden bei der Polizei anzeigen, ganz egal was passiert.

Ich habe mir viele solcher Regeln aufgebaut, nach denen ich mich auch heute noch verhalte.

Deine Wertvorstellungen, hängen die auch von äußeren Einflüssen ab?

Ja, da komme ich jetzt wieder ein bißchen auf die Politik zurück. Für mich sind so ganz kleine alltägliche Geschehnisse sehr politisch.

Ein Beispiel: Vor kurzem war ich in einem Lebensmittelladen so kurz vor Ladenschluß einkaufen. Die Verkäuferinnen waren alle sehr freundlich. Bis dann eine ältere Frau den Laden betrat, die sehr geschminkt und völlig in schwarzen Samt gekleidet war. Sie sah irgendwie sehr märchenhaft aus und gefiel mir auf Anhieb. Ich sah, daß die Verkäuferinnen sich merkwürdige Blicke zuwarfen: also, die Alte spinnt. Dann kam ein Verkäufer, der sie in einer unheimlich gehässigen und widerlichen Art anschrie und ihr – wie ich mitkriegte – nun zum dritten Mal den Laden verbot. Ich habe mich dann eingemischt, mir war auch in dem Moment egal, was die Dame vielleicht verbrochen haben könnte, und habe dann meine Tüten in irgendein Regal gestellt und gesagt, daß ich in dem Laden nie wieder einkaufen würde, obwohl ich schon unheimlichen Schiß hatte, weil mich natürlich alle Leute angestarrt haben und der Verkäufer so wütend war, daß ich Angst hatte, der knallt mir eine.

Und so gibt es dauernd Situationen, die man mitkriegt, und man muß sich wahnsinnig überwinden, da einzugreifen. Und ich habe mir vorgenommen, in solchen Situationen einzugreifen. Manchmal gelingt es mir, manchmal aber auch nicht. Das ist so eins meiner Ziele, zu lernen, auf solche Sachen sehr schnell zu reagieren.

Meinst du, daß sich dadurch etwas verändert?

Ich glaube schon, zumindest so in den kleinen Dingen. Für mich ändert sich zumindest etwas, denn es geht mir ja auch so, daß solche Situationen dauernd passieren, und ich nicht geistesgegenwärtig bin. Ich sage weder die richtigen Worte noch überhaupt etwas. Das finde ich sehr frustrierend. Erst hinterher bin ich in der Lage, das zu erkennen und kann dann mit anderen Leuten darüber reden. Es gibt einem enorme Stärke, wenn man merkt, man schafft es, sich zu wehren.

Ich wäre sonst unzufrieden. Ich habe für mich ganz bestimmte Vorstellungen, wie ich leben will. Und das versuche ich zu verwirklichen. Dazu gehört auch, daß man in solchen Situationen sofort und spontan etwas entgegensetzen kann.

Du bist also praktisch immer damit beschäftigt, dich immer wieder zu verändern, damit du nicht passiv wirst.

Ja, das stimmt schon. Nachher hat das auch etwas – glaube ich – mit Altwerden zu tun. Je älter man wird, läßt auch dieser Schwung immer ein wenig nach. Deswegen wird das auch immer wichtiger, was man an sich selbst erarbeitet.

Meinst du, daß Männern das leichter fällt als Frauen?

Nein, das glaube ich nicht. Ich glaube, die Erfahrung habe ich jedenfalls in letzter Zeit sehr oft gemacht, daß Männer viel verängstigter sind als Frauen und eher klein beigeben.

Der ganze Arbeitsbereich funktioniert ja eigentlich nur deshalb so, weil die Leute sich nicht wehren. Deshalb sind wahrscheinlich auch Männer viel ängstlicher, weil sie ja immer noch viel stärker auf diese Arbeitswelt hin erzogen werden und doch stärker dem Druck ausgesetzt sind. Mehr als eine Frau, die in diesem Prozeß vielleicht noch nicht so lange drin war und noch nicht so viele schlechte Erfahrungen gemacht hat, die hat eben auch noch mehr Mut. Das erfahre ich zum Beispiel zur Zeit sehr oft an mir. Mich kann eigentlich niemand arbeitslos machen. Selbst wenn ich im Knast säße, könnte ich dort weiterarbeiten. Das ist ein wirklich tolles Gefühl, gerade in dieser Zeit zu wissen, daß man nie arbeitslos werden kann, weil ich immer etwas Neues finden würde. Wenn ich keine Kamera mehr habe, nehme ich eben einen Filzstift.

Ja, aber das liegt eben auch in deiner Persönlichkeit. Wenn zum Beispiel jemand Lehrer geworden ist, ist der im Beruf doch viel abhängiger. Ich kann mir vorstellen, je unabhängiger man von diesen Berufszwängen ist, desto mehr hat man die Chance, aktiver zu bleiben. Weil man sonst eventuell auch zu leicht vor sich selbst rechtfertigen kann, daß man sich gegen bestimmte Dinge nicht wehren kann, weil das eben so ist und man es sich schließlich freiwillig ausgesucht hat.

Das ist irgendwo grotesk. Auch mein Vater wollte immer, daß ich Lehrerin werde, wegen der Sicherheit. Inzwischen hat sich das aber total umgekehrt, auch in der Gesellschaft, was er bloß nicht mitgekriegt hat. Hätte ich also nur aus den Sicherheitsgründen seinen Rat befolgt, wäre ich bestimmt jetzt einer von denen, die arbeitslos sind, oder hätte Berufsverbot. Ich habe zwar den scheinbar viel unsicheren Weg gewählt, der aber letztlich viel sicherer ist. Ich merke an mir selbst immer mehr, daß man aus seiner Kraft leben muß und nicht darauf vertrauen kann, daß dir vielleicht von der Gesellschaft etwas geboten wird. Ich sehe auch die ganze Gesellschaft als ein sinkendes Schiff, von dem man so schnell wie möglich den Absprung finden muß.

Meinst du, daß man so was ändern könnte?

Nein, ich glaube es eigentlich nicht mehr. Ich weiß gar nicht genau, ob das überhaupt noch sinnvoll ist. Früher habe ich mir immer so vorgestellt, halt eine Revolution zu machen, und jetzt denke ich, daß es eine große Revolution sowieso nicht gibt. Entweder sie findet täglich statt oder gar nicht. Aber inzwischen kommt man gar nicht mehr dagegen an, das hat alles schon so was Kriminelles angenommen. Als Beispiel nur mal

Gorleben: Es geht darum, dort eine Wiederaufbereitungsanlage aufzubauen, und deshalb wollten die mehr Grundstücke kaufen. Da haben sie so eine Geschichte gemacht, daß sie jemandem viel Geld geboten haben, aber die Bürgerinitiative hat noch mehr Geld geboten, so daß derjenige das Grundstück auch an die Bürgerinitiative verkaufen wollte.

Irgendwie ist das publik geworden, und da tauchte so ein geheimer Unbekannter auf, der also noch mehr geboten hat. Die DWK selber konnte den Preis nicht überbieten, weil sie sonst all den anderen Leuten auch hätte mehr zahlen müssen. Das ist einfach unglaublich, man fühlt sich verschaukelt, aber man kann eben dagegen nicht ankommen, sondern eigentlich nur noch darüber grinsen.

Ich möchte eben beides verbinden, indem ich das machen will, was ich möchte, aber auch versuche, igendwelche Geschichten aufzuhalten. Ich gehe natürlich auch noch zu Demonstrationen, ich war auch in Brokdorf. Während ich aber früher immer dachte, das ist politisch sehr wichtig, gehe ich heute mehr deshalb dahin, weil es mir Spaß macht und weil ich viele schöne Sachen erlebe.

Es hat ja auch keinen Sinn, in einem großen Topf vertreten zu sein, weil die politischen Gruppen auch sehr einseitig sind und gar nicht alle Interessen vertreten können. Sie können ja gar nicht erreichen was ihre Mitglieder im einzelnen vielleicht wollen. Deshalb ist es wohl besser, wenn sich viele einzelne engagieren. Die gemeinsamen Interessen entstehen vielleicht viel eher daraus.

Aber zum Glück setzt sich jetzt auch immer mehr in der Politik durch, daß man versucht, nicht immer nur Krisenmassen zusammenzutrommeln, sondern daß die Leute immer mehr in kleinen Gruppen arbeiten, wo sie auch selbstverantwortlich sind, was auch sehr wichtig ist. In diesen großen Gruppen hat man immer nur die Hauptverantwortlichen, denen man, wenn etwas schiefgeht, die Schuld zuschieben kann. Deshalb finde ich es gut, wenn sich kleine Gruppen zusammenfinden, die eigenverantwortlich etwas tun, was ihre Interessen berührt, ob sie nun aufs Land ziehen und Anbau betreiben oder eine Kindergruppe machen oder Straßenmusik machen. Das gehört alles zusammen, und irgendwo trifft sich das an einem Punkt alles wieder. Es gibt ja dauernd Gelegenheiten, wo man ansetzen kann, und deswegen finde ich Auseinandersetzungen, wer jetzt die richtige Linie hat, überhaupt nicht mehr interessant.

Welche Möglichkeiten siehst du, diese Eigenverantwortlichkeit Mädchen und Jungen gleichermaßen anzuerziehen, denn das ist ja keine geschlechtsspezifische Angelegenheit, sondern das ist ein menschliches Verhalten, das wohl für uns immer wichtiger wird?

Wenn ich ein Kind hätte, das ich ja bestimmt auch so erziehen würde, wie ich es mir vorstelle, hätte es sicher überall in der Gesellschaft Schwierigkeiten und große Probleme, egal wo es hinkommt. Das fängt bestimmt schon im Kindergarten oder so an. Ich glaube, das beste, was man für ein Kind machen kann, ist die Möglichkeit, ihm ein sehr starkes Selbstbewußtsein zu vermitteln. Wenn man das schafft, ergeben sich viele Dinge auch von selber.

Meinst du, daß deine Eltern dich dahingehend erzogen haben?

Ja. Meine Eltern haben das schon gemacht. Sie haben sich unheimlich auf mich gefreut. Meine Mutter hat sich sehr viel um mich gekümmert und auch mein Vater. Aber es hat auch sehr viel die Schule dazu beigetragen.

Es gibt einem enorme Stärke, wenn man es schafft, sich zu wehren

Elisabeth: Da fallen mir als erstes die Eltern ein oder alle Erwachsenen. Man glaubt als Kind ja immer, die könnten alles oder wüßten alles, und es dauert ungeheuer lange, bis man merkt: was die wissen, geht ja auf persönliche Erfahrungen zurück. Ich kann mir das aneignen, wenn ich will, aber dieser Anspruch der Allgemeingültigkeit, der existiert ja überhaupt nicht. Wenn du das erst richtig merkst, versuchst du, dich gegen die zu wehren, und wenn das geht, also wenn du zeigst, was du davon hältst, dann macht dich das stark, weil die anderen dich dann überhaupt erst wahrnehmen und auch merken, daß ihr allgemeines Gerede zumindest bei dir nicht angebracht ist. Du selbst bist dann auch von dir überzeugt und traust dir immer mehr zu, dich zu behaupten.

Zum Beispiel bei Lehrern. Die denken auch nicht über alles richtig nach, sondern quatschen manchmal ganz allgemein. Wenn du mal einen erwischst und es schaffst, ihm das Gegenteil zu beweisen, dann merkst du nicht nur, daß du gut dastehst, sondern du nimmst ja auch den anderen ernst als Menschen, von dem du eine ehrliche und persönliche Aussage willst, und nicht als Institution, bei der du Weisheiten günstig beziehen kannst. Wenn man das einmal gemacht hat, dann bekommt man wirklich Stärke, so in dem Sinne von Ansporn oder Mut, weiterzumachen, und sich nicht mehr alles gefallen zu lassen.

Besonders wichtig wird die Gegenwehr, wenn man Ungerechtigkeit zu spüren bekommt. Da neigt man doch dazu, das hinzunehmen und hinterher zu schimpfen und zu drohen, und dann erzählt man ganz friedlich lauschenden Zuhörern, was man am liebsten alles mit den anderen gemacht hätte. Die Wut steigert sich dann bis zu einer Gewalttätigkeit wie Kopf abreißen, ganz verbal nur. Bloß weil man nicht zur rechten Zeit den Mund aufgemacht hat. Die ganze Energie geht hinterher in das Ausbaden und Auskosten des Unrechtgefühls.

Sich wehren bedeutet wirklich in den meisten Fällen nur, seine Meinung sofort zu sagen und sich auseinanderzusetzen. Das muß man lernen. Ich merke an mir selber, daß ich aggressiv nur dann werde, wenn ich nicht meine Meinung gesagt habe. Also ich versuche das jetzt auch. Neulich wollte ich mal einen Bekannten im Knast besuchen. Da haben sie mich nicht reinlassen wollen, weil ich nicht verwandt oder verschwägert bin. Da habe ich ganz ruhig gesagt, daß ich es bedauerlich finde, daß sie sich nicht freuten, wenn von außen noch jemand Kontakt zu den Gefangenen aufnehmen will. Das wird doch sonst immer so bemängelt. Ich war ganz stolz auf meinen Mut, dabei war das doch kaum was. Jedenfalls haben sie mich gelassen, und ich weiß jetzt, ich brauche mich nicht gleich abwimmeln zu lassen. Es geht auch anders und sogar, ohne daß irgend jemand wütend oder sauer ist.

Die Frage, willst du Kinder oder deinen Beruf, stellen Männer

Marie Marcks, 57 Jahre, Heidelberg

Meine Mutter hatte eine Kunstschule in Berlin, und das war für mich natürlich toll. Ich konnte da immer zuschauen und habe selbstverständlich auch sehr viel dadurch gelernt, ohne je wirklich teilgenommen zu haben. Als Kind fanden mich die älteren Schüler immer sehr süß und das, was ich dann mal gezeichnet habe, natürlich auch. Und ich fand das alles ungeheuer spannend. Als ich älter wurde, habe ich dann schon mal mitgezeichnet, mal einen Akt oder Schriften . . . Meine Mutter hatte einmal in der Woche so einen Schriftnachmittag, und das habe ich wirklich ganz gut gelernt. Später habe ich mich damit jahrelang ernährt, denn Schriften kann ja heute kaum noch einer.

Mein Vater war Architekt, freiberuflich, und war dadurch viel zu Hause. Aber eins war für mich besonders wichtig: mein Vater hat mir, schon als Kind, immer Geschichten gezeichnet. Ich erinnere mich an ein besonders schönes Bild. Mein Vater zeichnete einen Pferdemöbelwagen – es gab zwar auch Autos, aber eben auch noch Pferde. Auf dem Bild rutscht der Schrank dem Kutscher von seiner Karre runter, und er flucht so richtig, so mit Spruchblase: «Donnerwetternochmal!» Wahrscheinlich hat mich das später doch beeinflußt.

Wie bist du aus dieser Familie ausgestiegen, mit welchen Vorstellun-

gen für dein künftiges Leben? Wolltest du auch so eine Familie haben?

Nein, aber ich hatte nie den Konflikt, den andere mit ihren Eltern haben. Ich hatte mir eigentlich immer vorgestellt, die Kunstschule meiner Mutter zu übernehmen, das fand ich gut. Im übrigen wurde ich von beiden Elternteilen immer bestärkt, selbständig zu sein.

Meinen Vater habe ich immer furchtbar gequält, daß er mir Fortsetzungsgeschichten erzählte. Die waren immer sehr blutrünstig. Das waren Geschichten, die so im Vorderen Orient spielten, weil mein Vater da oft war. Aber die Geschichten hatten immer den Tenor, daß eben auch ein Mädchen das kann, was Jungen machen. Bei Karl May hat mich stets geärgert, daß Mädchen eigentlich immer nur dumm auf der Wiese rumstanden und zum Blumenpflücken gut waren oder bestenfalls mal geraubt wurden.

Ich weiß noch ganz genau, wie ich meinem ersten Mann ein Hemd bügelte. Mein Vater saß daneben und lachte und fragte mich so ganz beiläufig, ob ich mir so mein Leben vorstelle, meinem Mann die Hemden zu bügeln. Er sagte es ganz nett und nur so dahin, aber mich hat das unheimlich geärgert und gewurmt. Diese Bemerkung hat auch tief gesessen bei mir.

Wie war es für dich in der Schule?

Na, immer sehr schlecht. Ich bin aber nie sitzengeblieben. In Berlin war ich auf einem Mädchengymnasium, damals gab es das noch gar nicht, daß Mädchen und Jungen auf Staatsschulen zusammen erzogen wurden. Mit sechzehn Jahren kam ich auf ein Landschulheim. Da waren sehr viel mehr Jungen als Mädchen in der Klasse. Aber damals war das ja ganz anders als heute. Wir haben zwar unheimlich geflirtet, aber das lief alles mehr so unter Kameradschaft. Das war eigentlich sehr selten, daß Jungen und Mädchen etwas miteinander anfingen. Wenn, was wir natürlich auch getan haben, lief das streng unter Ausschluß der Öffentlichkeit, weil man sonst sofort von der Schule geflogen wäre. Also, ich will sagen, es war nicht so üblich wie das heute der Fall ist. Ich besuche diese Schule heute noch manchmal, und da hängt dann eben ein Zettel «Bitte nicht stören» an der Tür.

Aber sonst haben wir alles zusammen gemacht. Wir wurden von den Jungen voll akzeptiert. Wir wurden da nicht in eine besondere Frauenrolle gedrängt. Das war aber eine Ausnahme, die es nur in diesem Landschulheim gab.

Hast du während deiner Schulzeit auch schon angefangen, selbständig zu denken, auch auf das politische Geschehen hin?

Bei uns zu Hause wurde, wie in fast allen Bürgerfamilien, nicht über Geld und Politik geredet. Meine Eltern waren völlig gegen Hitler eingestellt, aber sie waren im Grunde unpolitische Leute. Mein Vater war historisch sehr beschlagen, und es war also ganz klar, daß er Anti-Nazi war und meine Mutter ebenso, denn ihre begabtesten Schüler waren meistens Juden. Als Kind habe ich eigentlich kein politisches Verständnis gehabt, aber durch diesen Rückhalt zu Hause war ich natürlich gegenüber diesem nationalsozialistisch gefärbten Unterricht, den wir in der Schule hatten, ganz kritisch eingestellt. Ich habe den Lehrern das nicht abgenommen, was die mir da erzählt haben.

Ihr habt ja vielleicht auch Dokumentarfilme aus der Zeit gesehen. Ihr müßt euch auch vorstellen, daß die in eurem Alter oder auch noch jüngere, Sachen gemacht haben, die heute alle nicht mehr vorstellbar sind – wie Wanderungen, Zeltlager usw., was natürlich etwas Schönes war. Damit wurde ja die Jugend gekauft. Wenn die Propaganda über Jahre gleichgeschaltet ist, ist man natürlich immer mehr in der Minderheit, und man möchte doch so gern begeistert sein. Ich weiß noch, ich habe die im BDM wahnsinnig beneidet, die mitmarschieren konnten. Ich konnte das nicht, weil einmal meine Eltern dagegen waren, und ich hätte mich vor mir selber schämen müssen, wenn ich da mitgemacht hätte. Es gab auch ganz konkrete Anlässe: Die im BDM waren, hatten natürlich samstags frei, das heißt, die haben Wanderungen oder so gemacht. Wir, die wir immer weniger wurden, zum Schluß war ich nur noch mit drei jüdischen Schülerinnen im nationalpolitischen Unterricht. Das fanden wir natürlich auch nicht lustig. Und wenn man sechzehn ist, will man ja auch mal etwas Schönes oder Positives hören. Ich weiß noch, wie mal ein Junge, den ich sehr nett fand und für sehr kritisch hielt, sagte, daß der Führer außenpolitisch ein guter Mann sei, und dachte, wenn der das schon sagt, muß es eigentlich wahr sein. Ich war direkt erlöst, daß auch mal einer meiner Leute etwas Positives über Hitler sagte. Denn zu Hause redete mein Vater immer furchtbar darüber, Hitler war für ihn ein Verbrecher. Wenn wir bei Tisch saßen, sagte er manchmal: «Komm Herr Hitler, sei unser Gast und sieh, was Du angerichtet hast» und ähnliche Dinge. Aber mit sechzehn kriegt man dann doch manchmal die Wut, wenn man nur dauernd so was hört, und möchte am liebsten mit den Wölfen heulen. Heute bin ich natürlich sehr dankbar, daß es so war.

Wie ging es dann weiter? Wann hast du mit dem Zeichnen angefangen und damit dein Geld verdient?

Gezeichnet habe ich natürlich immer. Geld verdient habe ich auch sehr früh damit.

1945, direkt nach dem Krieg, bin ich mal nach Heidelberg getrampt, um meine Schwester zu suchen, die ich auch hier fand. Wir wohnten zu mehreren in einer Bude zusammen und haben angefangen, Geld zu verdienen. Wir dachten, was unsere Mutter kann, können wir auch, und haben eine Malschule gegründet. Aber wir haben dann ganz schnell festgestellt, daß wir das überhaupt nicht konnten, obwohl die Schüler da waren, Kinder und Erwachsene, zum Teil Amis . . . Aber wir haben die Schule schnell wieder aufgelöst, denn das will gelernt sein, Leuten etwas beizubringen. Dann habe ich ganz schlimme Sachen gemacht. Ich habe springende Pferdchen gezeichnet, so schön gefälliges Zeug, und die dann hier in einen Andenkenladen gebracht. Es gab zwar überhaupt nichts zu kaufen, aber Andenken gab es, und die Amis kauften das Zeug. Die Pferdchen gingen wie warme Semmeln weg. Da habe ich gar nicht so schlecht verdient, das war sehr gut. In dieser Zeit war mein Kind, das ich mit 22 bekam, bei meinen Eltern in der DDR. Ich war also ganz stolz auf mein selbstverdientes Geld.

Dann, nach Heirat und zweitem Kind, kam die Potsdamer Zeit, da war ich nur Hausfrau. Die Ehe hat sieben oder acht Jahre gehalten, glaube ich. In der Zeit kriegte ich noch den Jungen. 1948 sind wir dann nach Heidelberg gezogen. Und da habe ich dann die Tochter von meiner Mutter geholt, bei der sie bis dahin war.

Aber dann warst du mit beiden Kindern in Heidelberg und hast für die gesorgt?

Ja, da habe ich zum ersten Mal einen Job angenommen. Ich habe bei den Amis gearbeitet. Zuerst habe ich für «Stars und Stripes» für die Militärzeitschrift, gearbeitet. Da habe ich die letzte Seite gemacht, Comics gezeichnet, das Layout gemacht, Fotos besorgt usw. Das ging aber nicht lange gut, weil dieser Chef so unverschämt war. Der klingelte dauernd nach mir, und das habe ich nicht ertragen. Dann habe ich so ganz primitiven Siebdruck gemacht. Ich habe Plakate für die bunten Abende, Einladungen usw. in den Patton Barracks gemacht. Das hat mir eigentlich viel Spaß gemacht, weil ich da viel gelernt habe und viel Freiheit hatte. Den Job hatte ich so zwei Jahre gemacht, dann wurde der aufgelöst. Dann, 1950, kam ich in andere Kasernen und mußte ganz schrecklich langweilige Sachen machen. Ich habe dann gekündigt, obwohl diese Jobs alle ganz gut bezahlt waren, aber ich konnte das zuletzt nicht mehr machen.

Das war eigentlich eine ganz schlimme Zeit. Die Kinder waren woanders untergebracht. Damals war es ja auch nicht so, daß die Männer dann hüteten. Ich habe diesen Mann wirklich sehr geliebt, aber die Kinder hat er nicht gehütet, er hat in der Zeit gemalt, und Geld hat er auch nicht verdient, was ich dann eben mußte. Heute wäre es doch selbstverständlich, daß dann der Mann wenigstens für die Kinder sorgt. Aber das war damals noch nicht möglich. Ich habe das auch gar nicht von ihm erwartet oder verlangt. Ich war zwar unglücklich und sauer, daß er keinen Job hatte, darunter habe ich gelitten, aber ich habe mich nicht dagegen gewehrt. Auch die Wohnverhältnisse waren natürlich schlimm, wir wohnten in einer winzigen Dachwohnung mit fünf Leuten, weil lange Zeit auch noch meine Schwägerin bei uns wohnte. Nachts wurden also die Matratzen auseinandergezerrt und in das Zimmer gelegt, das war unser Nachtlager, so daß wir dauernd übereinander steigen mußten. Tagsüber wurden die dann übereinander gestapelt. Auf einem Reißbrett, das auch mein Bügelbrett war, stand ein zweiflammiger Kocher und direkt daneben das Babybett. Ein Wunder, daß da nie etwas passiert ist.

Die Ehe ging dann in die Brüche. Ich möchte heute so rückblickend behaupten, wenn wir es damals wirtschaftlich etwas leichter gehabt hätten, wenn wir mal einen Kinderwagen oder ein Laken geschenkt bekommen hätten, hätten wir es vielleicht miteinander geschafft. Heute ist es mir ja möglich, meinen älteren Kindern ab und zu mal etwas zukommen zu lassen, aber meine Eltern waren in der DDR, da war ja nichts, die hatten überhaupt kein Geld, und die Eltern meines Mannes lebten nicht mehr. Die Ehe war dann eben solchen Belastungen ausgesetzt, das haben wir auf die Dauer nicht geschafft. Aber das ist auch so eine Hypothese von mir, vielleicht hätte es auch sonst nicht geklappt. Meine zweite Ehe hat ja auch im Wohlstand nicht geklappt.

Mein erster Mann war sehr weltfremd. Ich war immer für das Irdi-

sche zuständig und er für das Höhere. Das wäre wohl auch nicht immer gut gegangen.
Warum hast du überhaupt wieder geheiratet?
Ja, das weiß ich nicht ganz genau. Gut, ich war schwanger. Ich habe noch mal geheiratet, weil ich dachte, damit fängt mal etwas ganz Neues an. Dieser Mann war nämlich kein Künstler, sondern Wissenschaftler. Das war total anders. Diese Ehe hat immerhin fünfzehn Jahre gedauert, aus ihr stammen auch drei Kinder. Ein Sohn wohnt heute bei seinem Vater und ist Musiker.
Hattest du das alles so gewollt?
Ich erinnere mich, daß ich mal eine ganz schwere Krise hatte. Ich war vielleicht vierzig und hatte alles gestrichen satt. Ich hatte das Gefühl, ich werde oder ich bin nur in Bereichen eingesetzt, für die ich nicht geeignet bin, und meine tatsächlichen Begabungen liegen brach.
Auch später, ich war Hausfrau, Mutter, habe gekocht und auf den Mann gewartet, was ich teilweise ja auch gern gemacht habe, aber bitte alles mit Maßen.
Ich habe in der Zeit zwar nicht kontinuierlich gearbeitet, sondern immer nur sporadisch, aber ich habe Geld verdient. Wenn man fünf Kinder hat, ist es einfach illusorisch, anzunehmen, man kann dabei auch noch voll berufstätig sein. Gut, es gibt Leute, die das können, die sind dann aber sicher von der Hausarbeit ganz freigestellt. Ich hatte zwar auch immer Au-pair-Mädchen, aber ich wollte ja auch gar nicht ganz von den Kindern weg, das war nicht mein Wunsch. Aber man will auch nicht jahrelang seine Begabung verleugnen. Das sind für mich in der Zeit echte Krisen gewesen. Man wird einfach in ein schlechtes Gewissen gedrängt.
Heute frage ich mich manchmal, wenn ich damals etwas bessere Nerven gehabt hätte und ein stärkeres Selbstbewußtsein auch in meinem Beruf, hätte ich diese Lebenskrise wahrscheinlich viel besser überstanden, man hat dann einen längeren Atem. Vielleicht hätte man sich dann ein paar Jahre erst mal getrennt und es später noch mal versucht, statt ganz auseinanderzugehen.
Aber heute, wo du deine Arbeit hast, die dich zufriedenstellt, bereust du diesen Schritt nicht mehr?
Wenn ich heute noch verheiratet wäre, hätte ich mich nie so für den Beruf engagiert, das ist sicher, denn ich habe das ja primär getan, um Geld zu verdienen. Und anfangs bin ich da auch sehr erfolglos gewesen. Das kam zu meiner Krise noch dazu. Denn während meiner Ehe hatte ich ja manchmal

sehr viel Geld verdient, allerdings mehr mit Gebrauchsgraphik. Ich habe dann ja total umgesattelt. Erst habe ich für eine wissenschaftspolitische Zeitung gearbeitet und mich dann nach und nach auch mehr in die Tagespolitik gewagt. Diese Sachen wurden dann von der «Süddeutschen Zeitung» abgedruckt. Die haben mich auch gleich um meine ständige Mitarbeit gebeten. Ich habe auch erst Jahre später begriffen, daß das eine Auszeichnung war, denn dieser Job wurde von vielen Leuten sehr begehrt. Ein paar Jahre habe ich ausschließlich das gemacht, dann kamen so kleinere Sachen hinzu. Aber im Grunde habe ich meinen Beruf anfangs mehr auf Sparflamme gemacht, denn ich hatte ja noch die Kinder im Hause.

Du hattest eigentlich schon immer eine gleichberechtigte, selbstbewußte Haltung oder Einstellung. Aber deine Männer haben dir doch eigentlich nicht die Möglichkeit gegeben.

Ich wollte, daß mein Mann mitmacht, daß wir die Sachen gemeinsam machen, was eben nicht ging. Solange ich mir meine emanzipatorischen Flausen nicht aus dem Kopf schlage, wird das nie etwas mit der Ehe, meinte er. Wir haben uns dann auch immer mehr auseinandergezankt.

Heute ist das ganz anders, das Thema wird in allen Zeitungen diskutiert, das war einfach fünfzehn Jahre zu früh. Ich weiß noch, so meine ersten Zeichnungen, die sich mit dem Thema beschäftigten, 1963 in dem Buch «Weißt Du, daß Du schön bist?», die habe ich in der Zeit gemacht, als wir noch verheiratet waren. Die sind damals überhaupt nicht verstanden worden, weder von meinem Mann, noch von Freunden, die dafür überhaupt keinen Sinn hatten. Die fühlten sich persönlich angegriffen. Da hat sich inzwischen ja doch sehr viel an Aufklärung getan und verändert.

Das waren also Sachen, die du aus deiner ganz persönlichen Betroffenheit heraus gemacht hast. Das war so deine Form von Rebellion, denn die Frauenbewegung gab es zu der Zeit in Deutschland noch gar nicht.

Ja, das war ein ganz persönliches Buch.

In der Erziehung meiner Kinder ist es nur teilweise geglückt, dieses Bewußtsein weiterzugeben. Meine Söhne verhalten sich wie alle anderen Männer. Ich habe das schon versucht, es ging aber nicht. Und die Mädchen – ich finde, daß alle drei für meinen Begriff viel zu wenig emanzipiert sind. Ich finde, daß sie ihre Chancen, etwas zu lernen, zu wenig wahrnehmen, zumindest die beiden jüngeren, die zwar zwischendurch sich anderweitig engagiert hatten, aber eben nicht für die Schule.

Woran liegt das?

Ich könnte mir schon denken, daß ich den Kindern sehr auf die Nerven falle. Irgendwie ist es für sie auch schwierig: Sie sehen, daß ich hier im Haus die besten Räume besetzt habe und jeder Platz mit meinem Zeug gefüllt ist. Ich mache eine Arbeit, die mir Spaß macht und verdiene auch noch Geld damit. Ab und zu steht auch mal etwas in der Zeitung über mich, oder ich bin im Fernsehen. Vordergründig sind sie natürlich darauf stolz, aber im Grunde ihrer Seele stinkt ihnen das wahrscheinlich.

Würdest du eigentlich heute noch mal heiraten?

Heiraten bestimmt nicht. Aber ich denke mir manchmal, daß es ganz schön wäre, wenn man jemanden hätte, mit dem man vertraut ist – natürlich auf Distanz, unter einem Dach, das würde ich heute auch nicht mehr machen –, mit dem man verreisen kann usw. Aber wenn man, wie ich, die letzten zehn Jahre nur damit verbracht hat, sich durchzuschlagen und auf die eigenen Füße zu stellen, hat man natürlich keine Sensoren frei, sich nach einem Mann umzugucken. Das sind zwei ganz verschiedene Sachen. Entweder man setzt sich durch oder sucht ganz schnell einen neuen Partner, an den man sich anhängen kann, wonach ich in der ersten Zeit auch eine starke Sehnsucht hatte. Wenn die Kinder abends im Bett waren oder die Größeren ihrer Wege gingen . . . denn Kinder sind ja keine Partner, sie sind zwar ein Trost und wichtig, ohne sie wäre es noch viel trostloser gewesen, aber sie sind in solchen Situationen doch keine Gesprächspartner. Aber im Laufe der Jahre habe ich mich an dieses Leben gewöhnt, es kam dann der berufliche Erfolg, was mich unheimlich gestärkt hat und mir viel Spaß brachte.

Hattest du nach deiner Ehescheidung eigentlich Freunde oder warst du sehr allein?

Das kann dir sicher jede geschiedene Ehefrau bestätigen, zumindest ältere: auch wenn es vorher viele gemeinsame Freunde gab, ist man trotzdem isoliert, weil die natürlich auch nicht wissen, wie sie sich verhalten sollen. Deshalb halten sie sich am liebsten aus allem raus, was ich auch verstehen kann. Zum anderen, Unglück stößt ab. Also wer unglücklich ist, hat auch keine Freunde, da ist man ganz schön allein. Aber das habe ich auch in den letzten Jahren gelernt. Mit Ausnahmen, es gab natürlich auch gute Freunde, die getröstet haben und im rechten Augenblick für einen da waren.

Hat sich das durch deinen beruflichen Erfolg geändert, oder hast du das vom Verstand her geschafft, daß du dich aus dieser ganzen Geschichte gelöst hast?

Nein, das kam alles ganz allmählich und hat sich mehr über die Arbeit entwickelt. Ich habe über meine Arbeit mehr und mehr nette Leute kennengelernt und vor allem Leute, die mich vorher nicht gekannt haben und mich so akzeptieren, wie ich heute bin, was mir natürlich ein Selbstwertgefühl vermittelt hat. Das hat mir geholfen, die Selbstvorwürfe und das Gefühl des Scheiterns zu überwinden.

Aber es ist mir nicht klar, ob ich nach dieser Trennung glücklicher bin, weil ich heute auch meiner Arbeit so nachgehen kann, wie es sonst nie möglich gewesen wäre. Ich bin mit meinem Beruf zwar sehr glücklich, obwohl mir natürlich auch nicht jede Arbeit Spaß macht. Aber generell ist das ein toller Beruf, weil ich mich abreagieren kann, sei es in politischer oder ganz persönlicher Hinsicht, und ich verdiene auch noch Geld damit. Wer hat schon so ein Glück? Aber andererseits muß ich gestehen, daß ich immer noch mit Neid und voller Trauer auf intakte Familien gucke.

Ich habe eine Zeitlang nichts schwerer ertragen können als intakte Familien. Hinzu kommt, daß die Leute dafür ein ganz feines Gespür haben und dir dann gerade ganz toll das heile Familienleben vorspielen. Ich habe das auch bei uns schon mehrmals erlebt, wenn da so ein ganz kaputter Typ oder ein armer Mensch kommt, dann sind wir plötzlich fabelhaft. Dann ist die ganze Familie da, alle sind nett und unterhalten sich, das macht dann Spaß. Aber das geschieht alles, um sich selbst darzustellen, das ist schon komisch.

Noch mal zu deiner Arbeit, die du ja eigentlich schon dein Leben lang hast. Sie ist ja nicht nur Geldverdienen, sondern bedeutet doch mehr für dich.

Das Geldverdienen spielt natürlich eine große Rolle dabei. Das ist auch ein Stolz und sehr schön, wenn du manchmal ganz gut verdienst. Es ist durchaus eine Befriedigung, wenn man auf Hilfe von außen nicht angewiesen ist, wenn man das Geld verdient, um sich selbst und seine Familie zu ernähren. Das kann auch ein Antrieb sein, um zu arbeiten.

Manchmal ist es so, daß mir die Arbeit an sich einen großen Spaß macht. Aber das ist nicht immer so. Oft drücke ich mich sehr gern davor, fülle erst mal eine Waschmaschine usw. Es dauert lange, bis ich erst mal am Arbeitstisch sitze, aber das ist ein Problem aller freiberuflich Tätigen, denke ich. Auf diese Weise vertue ich unendlich viel Zeit. Aber ich wage auch zu behaupten, daß auf Grund dieses Drückens vor der Arbeit der Haushalt überhaupt halbwegs läuft, da ich auf diese Art und Weise doch die eine oder andere Hausarbeit mache.

Es ist jedenfalls selten, daß ich in meiner Arbeit so drin bin, daß ich nur Spaß und Freude daran habe. Ich möchte natürlich auch mal dahin kommen, daß ich mal ein halbes Jahr etwas völlig anderes tun kann, zum Beispiel schreiben. Denn ich werde ja gewissermaßen auch in ein Korsett gepreßt, man erwartet von mir diese Art zu zeichnen und nichts anderes. Ich kann nicht plötzlich eine Ausstellung mit Ölbildern machen oder so. Ich habe jetzt in den Ferien wieder mit Aquarellen angefangen, was mir einen wahnsinnigen Spaß macht. Das ist aber nur eine Ferienbeschäftigung, weil ich zu Hause nicht dazu komme.

Also als Kunst würde ich meine Arbeit nicht bezeichnen, das wage ich nicht. Ich bemühe mich zwar, meine Zeichnungen so gut wie möglich zu machen in der Zeit, die mir zur Verfügung steht, denn meistens muß ich ja aktuell sein. Ich nehme durchaus künstlerische Kriterien zum Maßstab und glaube schon, daß meine Zeichnungen besser sind, als mancher andere es in meinem Metier macht. Bei meiner Arbeit kommt es ja auch in erster Linie auf die Aussagekraft an. Aber ich bin auch nicht sicher, ob ich wieder rein künstlerisch arbeiten will. Ich finde es so sehr schön, daß ich immer mein spontanes Engagement zu Papier bringen kann. Ich kann mich in meinen Zeichnungen ausdrücken. Trotzdem wünsche ich mir sehr, daß ich mich künstlerisch weiter entwickeln kann. Deshalb möchte ich auch ein halbes Jahr mal den Rücken frei haben.

War es eigentlich immer dein Wunsch, viele Kinder zu haben?

Nein, diesen Wunsch habe ich nicht gehabt. Das war mehr Zufall. Im Gegenteil, als Kind hatte ich die Vorstellung, überhaupt keine Kinder zu haben. Aber irgendwie war es später dann doch immer mein Wunsch, von dem Mann, den ich liebe, ein Kind zu haben. Hätte es damals schon die Pille gegeben, hätte ich heute bestimmt keine fünf Kinder.

Würdest du im Nachhinein sagen, daß man mit Kindern und Beruf doch überfordert ist?

Ja, ich denke auch manchmal, es geht eben nicht, jedenfalls nicht ohne Mann, der mit zupackt. Gewisse Dinge haben bei uns einfach nicht sein können, weil es organisatorisch, kräftemäßig und psychisch gar nicht zu schaffen ist. Ich bin ja keine organisierte Maschine. Meine Arbeit lebt ja im Grunde von dem Ungeregelten. Wenn ich ordentlich bin und alles sauber mache, was ich eigentlich immer gern möchte, und nur das tue, was ich tun müßte, kommt absolut nichts aus meinem Kopf. Das ist bei uns auch eine ganz schwierige Sache, weil die Kinder eigentlich eine Organisation brauchten. Ich weiß auch, daß Kinder ein geregeltes Leben, vielleicht sogar Biederkeit und einen konventionellen Rahmen sehr schätzen, was sie sicher bei mir vermißt haben und auch immer noch vermissen. Bei mir steht eben nicht mit tödlicher Sicherheit der Kochtopf auf dem Herd, wenn sie nach Hause kommen.

Aber dafür haben sie ja etwas anderes, sie haben doch bestimmt einen viel größeren Freiraum als andere Kinder.

Sicher, ich weiß auch, daß sie das schätzen. In guten Stunden kommt das auch zum Ausdruck.

Wenn ich mir überlege, was mir so durch den Kopf geht, was mich im Grunde bewegt, dann sind es zu neunzig Prozent doch die Kinder. Ich gehe zwar viel mit den Hunden spazieren und denke dann darüber nach, was ich zeichnen will. Nachdem ich morgens die Zeitung gelesen habe, mache ich mir über die Sachen, die mich interessieren und ärgern, Notizen, und während des Spaziergangs denke ich mir ganz systematisch die Sachen aus, die ich zeichnen will. Aber mein wirklicher Lebensinhalt sind halt die Kinder, was nicht heißt, daß mir mein Beruf nicht wichtig wäre.

Die Frage, willst du Kinder oder deinen Beruf, stellen Männer. Die ist ungerecht, polemisch, die Frauen stellen diese Frage ja auch nicht an den Mann. Aber ich wollte immer beides haben, zumindest, nachdem ich Kinder hatte. Es müssen nicht fünf Kinder sein, aber ich denke schon, daß Kinder und Beruf zu vereinbaren sind. Ich mache mir manchmal zum Vorwurf, daß ich eben fünf Kinder nicht habe so gut erziehen können. Denn auch die Umwelt stellt ja die Anforderung an einen, daß man in erster Linie seine Kinder anständig, ordentlich und sauber erzieht, sie gut durch die Schule bringt und sie zu anständigen Mitgliedern unserer Gesellschaft macht. Darüber hinaus kann man noch ein bißchen Beruf machen, aber möglichst soll es nur

ein Hobby sein. Und diese Anforderung stellt man an sich selbst auch, weil sie eben so eingefahren ist, und das ist bei einer Frau immer der wunde Punkt, diesbezüglich hat man immer ein schlechtes Gewissen.
Das war auch ein Grund, weshalb ich diesen freien Beruf aufrecht erhalten wollte, obwohl ich manchmal schon gern gewünscht hätte, mit anderen zusammenzuarbeiten. Immer zu Hause im eigenen Saft zu kochen, ist auch nicht so toll. Ich kann mich höchstens mal ans Telefon hängen, um mit jemandem zu reden. Aber wenn man zum Beispiel in einer Redaktion sitzt, kann man doch mal mit Kollegen reden usw. Das stelle ich mir auch sehr schön vor.
Hast du das Gefühl, eine starke Frau zu sein?
Es sagen mir zwar immer wieder alle, daß ich eine starke Frau bin – ich weiß es nicht.

Die Frage, willst du Kinder oder deinen Beruf, stellen Männer

Elisabeth: Das ist direkt zum Lachen. Ich kenne die Frage auch, aber das geht mir jetzt richtig auf, wie blöd die ist. Eine Frau kann sich die Frage ja gar nicht stellen. Das ist wie Sozialismus oder Freiheit. Das ist richtiger Quatsch. Das sind doch keine Gegensätze, die sich ausschließen. Natürlich will eine Frau beides, oder sie will dann doch lieber eins nicht, aber die Entscheidung zwischen beidem ist doch völlig absurd. Außerdem ist es völlig unlogisch, die Frage nach den Kindern ins Feld zu führen, wenn es nur um die weibliche Existenz geht. Als ob sie sie allein machen und haben können. Der Beruf, schön, das ist eine Frage, aber Kinder im Gegensatz dazu?
Kinder müssen schon Mann *und* Frau wollen, und wenn sie welche kriegen, dann ist das eine Sache, und dann müssen sie sich auch gemeinsam darum kümmern, das folgt daraus. Wieso geht das nur eine Frau an, und wieso sind Kinder so eine Existenzfrage für die Frau? Da sollte man gar nicht weiter drüber nachdenken, denn welche Interessen hinter dieser Frage stehen, ist doch klar.
Einen Mann mußt du mal danach fragen . . . Ich stelle mir gerade eine Frau vor mit drei Kindern am Rockzipfel, die fragt: Franz, willst du Kinder oder deinen Beruf? Und er sagt: Och nö, lieber den Beruf.

Daß Männer sich freiwillig aus der Kindererziehung raushalten, kann ich gar nicht begreifen. Die denken doch tatsächlich, das seien nicht ihre Kinder, sondern die Kinder der Frau. Manche begnügen sich tatsächlich damit, die Kinder nur zu sehen! Anzugucken! Dabei haben sie sie doch mitproduziert. Der Gipfel ist doch, wenn sie sich dann nur noch von der Mutter berichten lassen, wenn sie nur noch Zuschauer des Familienlebens geworden sind, daß sie dann auch noch behaupten, sie opferten sich und täten das alles ja nur für die Familie, und nicht zugeben mögen, das sie für die Familie überhaupt nichts tun, sondern nur noch für deren Status und damit für die eigene Eitelkeit.
Also, bei aller Benachteiligung der Frau, wenn sie die klassische Frauenrolle ausfüllt, kommt es mir langsam so vor, als sei der Mann in seiner klassischen Männerrolle ein noch viel bedauernswerteres Geschöpf, weil er die Frau noch übertrumpft, was die Sinnlosigkeit seines Handelns angeht. Für viele gilt es doch sogar als unmännlich, wenn sich der Mann überhaupt um die Kinder kümmert. Das war sogar bei mir noch so, als ich zur Schule ging. Da habe ich mich direkt ein bißchen geschämt, daß mein Vater auf die Elternsprechabende ging, wo doch bei den anderen die Mütter mit den Lehrern redeten, und bei mir hat sich mein Vater eingemischt. Das hat mir überhaupt nicht geschmeckt. Die Mitschüler haben es nämlich erfahren und wollten auch immer wissen, warum denn meine Mutter nicht zu den Lehrern geht.
Auf jeden Fall ist es doch der leichtere Weg, sich für die Karriere zu entscheiden und der Frau die Kinder zu überlassen. Das ist der allerleichteste Weg überhaupt, denn das bedarf überhaupt keiner Überlegung. Erst wenn man beides kombinieren will, wird's schwierig. Frauen versuchen das wenigstens, weil sie es müssen, Männer müssen es genauso, aber sie tun es nicht, das ist der Unterschied.
Christine: Mein Vater hat das auf der Arbeit auch oft erlebt. Nach dem Tod meiner Mutter mußte er sich ja um uns kümmern, und wenn er mal mit Kollegen über Erziehungsprobleme sprechen wollte, haben die immer nur große Töne gespuckt und gesagt, daß er nicht streng genug sei. Das war alles, was sie wußten. Sie selbst kümmerten sich natürlich kaum um die eigenen Kinder. Die kennen ja nur die eigene Erziehung, aber da waren *sie* das Kind. Da haben sie alles auch als streng empfunden, was nicht so war, wie sie wollten. Von dem, was man als Eltern mit Kindern macht, haben offenbar nur Mütter Ahnung. Das war für meinen Vater auch eine große Ratlosigkeit am Anfang. Jetzt ist er da sicherer.

Das Motiv ist eigentlich immer die Empörung über all das Unrecht

Doris Pott, 63 Jahre, Kiel

Ich bin Kriegerwitwe, habe zwei Kinder, mein ältester Sohn ist schon 43 Jahre. Ich habe Kontakt zu meinen Kindern, aber sie leben ihr Leben und ich meins.
Nach dem Krieg habe ich als ungelernte Arbeiterin gearbeitet, bei der Co-op Genossenschaft in der Kantine, dann in einer Expedition, auch mal in einer Bäckerei. Die Arbeiten waren immer gleich.

Haben Sie keine Möglichkeit gesehen, noch eine Ausbildung zu machen?
Nein, das konnte ich wegen der Kinder nicht. Ich mußte den ganzen Tag arbeiten, die Kinder mußten tagsüber alleinbleiben. Ich komme auch aus sehr armen Verhältnissen. Da war auch das Lesen eine Flucht für mich aus dieser ganzen Misere. Ich habe sehr viel gelesen. Dadurch hat man vielleicht auch schon einen anderen Anspruch, man möchte eigentlich doch eher ein anderes Leben leben. Ich habe praktisch immer zwei Leben geführt, einmal war da der Alltag, die Realität, und dann das Lesen und die Gedanken. Ich bin sehr viel zur Volkshochschule gegangen, habe Frauenarbeit in der Genossenschaft gemacht. Ich bin gleich nach dem Krieg dort aktiv gewesen. Da spielten die Kriegserlebnisse eine große Rolle: So was darf nie wieder passieren. Meine Eltern waren allerdings schon nach dem Ersten Weltkrieg in der

Deutschen Friedensgesellschaft. Ich bin damals gleich in die Partei (SPD) eingetreten, aber ich bin nie sehr aktiv in der Partei gewesen. Ich bin mehr in der Genossenschaftsarbeit tätig gewesen. Wir versuchten, die Genossenschaften wieder lebendiger werden zu lassen, haben Mitgliederversammlungen gemacht, Frauengruppen organisiert. Das war der Ausgleich für die anderen unbefriedigenden Arbeiten.

Es gab monatlich Vorträge, hauptsächlich über Verbraucherfragen. Aber wir wollten auch so den Genossenschaftsgedanken fördern und überhaupt zusammen sein. Die von der Genossenschaft haben für ihre Mitglieder billig eingekauft. Als sie gesehen haben, daß sie vom Einkauf abhängig waren, wurden eigene Produktionsstätten eingerichtet. Da hat es auch aktive Frauenarbeit gegeben. Das war aber keine Frauengruppe, so wie es das heute gibt. Heute bin ich in keiner Frauengruppe. Ich bin eigentlich nie ein großer Freund von Arbeiten in der Frauengruppe gewesen, in der Genossenschaft ja, aber weniger wegen der Frauen, ich war hauptsächlich Genossenschaftlerin, der Genossenschaftsgedanke war mir wichtig.

Heute bin ich natürlich auch noch politisch tätig. Ich war erst in einer Bürgerinitiative Umweltschutz. Dann haben wir uns mal zusammengesetzt und überlegt, daß die Meinungen und Vorhaben eigentlich nicht so richtig an die Öffentlichkeit kommen, weil die Zeitungen das ja nicht bringen. Wir haben uns gedacht, daß eine wichtige politische Arbeit eine eigene Presse ist, und so haben wir versucht, eine Alternativzeitung zu machen. («Der Spökenkieker», Anm. d. Red.). Entstanden ist die Gruppe aus den verschiedensten Leuten, aus Leuten aus der Umweltschutzgruppe, aus Mutter-Kind-Gruppen, von der Jugendhausinitiative, Stadtsanierung usw. Inzwischen hat sich das wieder sehr verändert.

Wir müssen die Zeitungen selber verkaufen, d. h. ich stehe auf der Straße und verkaufe sie. Auch einige Läden haben wir als Abnehmer gefunden. Die Zeitung erscheint monatlich und kostet fünfzig Pfennige. Das bringt eigentlich sehr viel Spaß. Man kommt mit Leuten ins Gespräch. Ich habe es allerdings auch leichter als die jungen Leute.

Ich habe das neulich erlebt, daß junge Leute Plaketten und eine Zeitung verteilten, die wurden von den Passanten zum Teil unheimlich angepöbelt. Vielleicht nimmt man Ihnen doch mehr Ernsthaftigkeit ab?

Ich bin auch schon angepöbelt worden. Ich hatte vor kurzem etwas zu Russell verteilt, da wurde ich unheimlich angepöbelt, das war schlimm. Wenn ich sonst Flugblätter verteile, erlebe ich das weniger, aber gerade Russell war schlimm.

Reagieren Sie auch darauf?

Ja, ich sag dann: Sie alter Nazi! Sonst würden die nicht so reagieren.

Wird die Zeitung gern gekauft?

Anfangs war es sehr schwer, jetzt ist sie schon bekannter. Die jungen Leute kaufen sie hauptsächlich, auch Arbeiter fangen damit an.

Ich habe diese Zeitung mit gegründet. Im Schreiben bin ich nicht so toll. Wichtige Sachen, die wir in die Zeitung reinbringen wollen, müssen ja vorher recherchiert werden, dann wird alles zusammen besprochen. Ich schreibe einfach das auf, was ich meine und denke. Andere helfen mir dabei, den Artikel dann etwas lockerer zu machen, das ist nicht so meine Stärke. Wir helfen uns in allem gegenseitig. Oft schreibt jemand einen Artikel, den dann ein anderer überarbeitet. Wir treffen uns wöchentlich einmal, um die Themen zu diskutieren.

Nehmen Sie auch an Demonstrationen teil?

Ja, natürlich.

Werden Sie nicht von jungen Leuten komisch angeguckt, weil Sie etwas älter sind?

Manchmal. Hier in Kiel nicht, da bin ich bekannt.

Aber eigentlich ist es eine wunderbare Sache. Ich diskutiere ja auch sehr viel mit jungen Leuten, die das immer ganz prima finden, daß ich mitmache. Als älterer Mensch schlägt einem dann eine Welle der Sympathie und fast sogar Hochachtung entgegen.

Sind Ihre Kinder auch so engagiert?

Politisch sind sie wohl so auf meiner Linie, aber sie engagieren sich nicht in dem Maße. Da kommen auch andere Faktoren hinzu. Sie finden es jedenfalls sehr gut und ganz toll, daß ich das mache, vor allem mein jüngster Sohn. Ich finde es merkwürdig, wenn andere Leute das als etwas Besonderes ansehen, während ich das gar nicht so empfinde, weil ich eigentlich das tue, was ich immer gemacht habe. Ich denke noch an die Ostermarschbewegung. Damals gehörte ein ganz anderer Mut dazu, auf die Straße zu gehen. Als wir in Kiel mal eine Versammlung hatten, fanden wir es schon toll, wenn zwei Studenten mitmachen wollten. Wir waren nur eine kleine Gruppe von Kriegsdienstgegnern.

Auch meine Verwandtschaft und

die Bekannten waren anfangs verwundert und meinten, ich müßte damit etwas kompensieren, wenn ich auf die Straße ginge. 1962 habe ich hier in Kiel mit einigen Älteren zusammen den Republikanischen Club gegründet. Da bin ich noch von den Jüngeren mit Skepsis betrachtet worden, die wohl dachten, was will die Alte hier. Das ist heute schon sehr anders, ein großer Unterschied. Heute wird man doch meist akzeptiert.

Hatten Sie bisher oft das Gefühl, als Frau benachteiligt zu sein?

Ach, als Frau! Vielleicht, aber nie sehr stark. Ich habe das eigentlich nie verspürt, daß ich mich als Frau zurückgesetzt fühlen mußte. Ich habe mich immer mehr für politische Dinge interessiert und versucht, Arbeiten zu machen, die nicht unbedingt geschlechtsbezogen waren.

Hatten Sie auch als Achtzehnjährige da keine Probleme?

Bestimmt, aber mir ist das nie bewußt gewesen, ich hatte keine Ahnung und war viel zu jung und unerfahren, um zu wissen, was Gleichberechtigung ist und bedeutet. Ich habe es einfach als mein Los und Schicksal empfunden – das habe ich noch sehr lange getan, ich habe mich sozusagen meinem Schicksal ergeben. Ich bin ja mit vierzehn Jahren aus der Schule raus und mußte gleich beim Bauern hart arbeiten. Ich hatte noch nicht mal die Wochenenden für mich wie andere junge Leute, die dann Wanderungen machten. Ich bin nun auch nicht sehr kämpferisch veranlagt. Man ließ alles so über sich ergehen. Mit zwanzig mußte ich plötzlich heiraten, als ich zweiundzwanzig war, hatte ich schon meinen zweiten Sohn. Ich hatte mich damals so gefühlt, als wenn das Leben nun für mich vorbei wäre.

Hatten Sie dann eine Krise, als Sie so besser den Überblick hatten – zu jung geheiratet, Kinder, nichts gelernt. Haben Sie da nicht gedacht, nun ist alles verpfuscht, aus und vorbei?

Ja, das muß ich sagen. Ich war irgendwie am Ende, aber ich mußte es ja ertragen. Wenn man plötzlich zwei kleine Kinder hat und dann diese wirtschaftlichen Zwänge, diese Sorgen, allein dadurch hatte ich ja überhaupt keine Zeit, mir andere Gedanken zu machen. Ich konnte praktisch erst, als die Kinder aus dem Haus waren, anfangen richtig zu leben.

Meine beiden Brüder konnten etwas lernen. Einer ist im Krieg gefallen, der jüngste Bruder hat Schlosser gelernt. Meine älteste Schwester konnte Gärtnerin lernen, aber nur deshalb, weil sie das außer Haus lernen konnte. Die beiden waren sicher besser dran als ich. Mein Bruder ist besser vorangekommen. Auch meine Schwester, sie hatte durch ihren Beruf ja immer andere Verdienstmöglichkeiten als ich und bekommt heute natürlich eine höhere Rente als ich.

Haben Sie Ihren Eltern Vorwürfe gemacht?

Meinem Vater habe ich schon etwas Vorwürfe gemacht, daß er mich nichts hat lernen lassen. Aber so allgemein, nein. Meine älteste Schwester hat meinen Eltern viele Vorwürfe gemacht, sie hatte es auch am schwersten. Ich hatte ein völlig anderes politisches Bewußtsein. Ich hatte viel gelesen und wußte, daß meine Eltern es nicht besser gewußt haben, und sie konnten auch nicht anders handeln. Wir waren zu Hause fünf Kinder und lebten in einer winzigen Zweizimmerwohnung.

Wie haben Sie Ihre Kinder erzogen? Haben Sie Wert darauf gelegt, daß sie eine Ausbildung erhielten?

Ja, beide haben einen Beruf gelernt. Im Nachhinein merke ich, daß ich viel zu wenig getan habe. Man kann eben sehr schwer aus den Vorstellungen und Verhältnissen, in denen man lebt, heraus. Ich bin in einem Arbeiterviertel aufgewachsen, da hat keiner gesagt, daß sie vielleicht auf die höhere Schule gehen sollten. Meine beiden Söhne haben diese Schulausbildung dann über den zweiten Bildungsweg gemacht, was auch sehr schwer war. Das erfordert natürlich sehr viel Energie. Da mache ich mir manchmal heute noch Gedanken – als Mutter.

Machen Ihre Kinder Ihnen Vorwürfe, weil sie es sehr schwer gehabt haben?

Mein ältester Sohn hat mir sehr häufig Vorwürfe deswegen gemacht. Ich bin auch nicht so ein Muttertyp gewesen und habe eben immer viel zu wenig Zeit für die Kinder gehabt. Abends bin ich auch häufig zu Versammlungen und zur Volkshochschule gegangen. Dabei kommen die Kinder natürlich zu kurz, andererseits wäre ich viel zu kurz gekommen, das habe ich auch nicht gewollt.

Sehr oft kommen diese Selbstvorwürfe nicht, aber ich kann sie auch nicht ganz wegschieben. Meine Aktivitäten dienten damals mir selber, waren wichtig für meine Persönlichkeit. Ich bin sehr gern zur Volkshochschule gegangen. Da hatte ich die Möglichkeit zu zeigen, daß ich kein geringeres Wissen als die anderen hatte. Ich konnte auch mal mit den Leuten diskutieren und konnte mich mal bestätigt fühlen, was ich ja sonst nicht hatte. Ja, vielleicht hätte ich

auch zu Hause bei den Kindern bleiben sollen. Es ist eben nicht einfach, das miteinander zu vereinbaren.
Was würden Sie denn einem Mädchen raten, das ja immerhin auch Mutter werden kann? Halten Sie es im Nachhinein doch für richtig, wie Sie es gemacht haben, oder finden Sie es unverantwortlich, wenn die Mutter vielleicht etwas selbstsüchtig ist?
Nein, absolut nicht. Ich finde es im Nachhinein sehr richtig. Was wäre ich den Kindern denn dann für eine Mutter gewesen, mit einem engen Horizont. Was hätte ich dann den Kindern überhaupt mitgeben können? Diese Entscheidung akzeptieren meine Söhne heute auch. Ich konnte meinen Kindern etwas anderes bieten. Bei uns zu Hause wurde immer über Politik geredet, wenn wir im Theater waren, haben wir immer zusammen die halbe Nacht noch darüber geredet. Das konnten ihre Freunde nicht mit ihren Müttern. Das ist der Unterschied. Ich habe sie bestimmt nicht so viel betütert, aber ich konnte ihnen etwas anderes geben, nämlich mit ihnen reden, Gespräche führen, und ich meine, daß das wichtiger und wesentlich besser ist. So habe ich auch heute mit meinen Söhnen genügend Bezugspunkte. Wir reden nie über belanglose Dinge, wir haben immer noch ein Gespräch miteinander.
Haben Ihre Kinder die Selbständigkeit von Ihnen gelernt, wo sie doch sahen, daß Sie Ihren eigenen Weg gegangen sind?
Ja, die waren schon früh sehr selbständig. Beide haben auch den Kriegsdienst verweigert. Ihnen wäre nie in den Sinn gekommen, zur Bundeswehr zu gehen. Für mich ergab sich die Selbständigkeit aus der täglichen Notwendigkeit. Wenn man die soziale Ungerechtigkeit gesehen und erlebt hat, kann man eigentlich so nicht weiterleben. Man fühlt sich unehrlich. Man kann sich ja nicht in den Sessel setzen. Man muß etwas tun, um das zu verändern. § 218 war schon ein Problem, über das meine Mutter damals gesprochen hat.
Hatten Sie den Wunsch, nachdem Ihr Mann gestorben war, wieder zu heiraten?
Nein, nach meiner Heirat hatte ich irgendwie das Gefühl, angebunden zu sein. Ich hatte zwar einen sehr toleranten Mann, doch es war anfangs für mich furchtbar, weil ich das Gefühl hatte, jetzt geht alles nur noch im Gespann, ich kann nichts mehr allein machen. Also heiraten wollte ich nie mehr.
Ich habe durch die politische Arbeit immer einen sehr großen

Freundeskreis gehabt, auch heute. Zu ein paar älteren Eheleuten habe ich engen Kontakt, auch zu einigen älteren Männern, die früher in der Arbeiterbewegung waren. Ich lade sie ab und zu ein, und die reden dann gern über die alten Zeiten in der Arbeiterbewegung.

Haben Sie auch privat Kontakt zu Jugendlichen?

Über die Zeitung und die Arbeit im Sozialistischen Büro. Ich bin die einzige Ältere da, das macht aber nichts, ich gehöre einfach dazu. Ich kann mich sehr gut in die Probleme der jungen Leute hineinversetzen, das sind Probleme, die ich sehr gut verstehen kann.

Ich meine vor allem Jugendliche, die noch zur Schule gehen oder in der Lehre sind. Können Sie deren Probleme heute noch verstehen?

Natürlich kann ich die gut verstehen. Sicher sind das nicht dieselben Probleme wie früher, die haben heute andere Probleme, aber man muß sie ja im Zusammenhang mit der politischen Entwicklung sehen, mit den gesellschaftlichen Verhältnissen, die wir haben, das ist also ganz klar, daß die Probleme heute anders sind. Wenn man sieht, wie wir uns hier in der BRD entwickelt haben, ist es ganz klar, daß wir diese Schulprobleme haben. Also ich habe mich nie genau mit der Entwicklung aller Schulsysteme befaßt, es hat mich aber immer sehr interessiert.

Hat die Emanzipationsbewegung Ihrer Meinung nach den Frauen schon geholfen?

Ich finde schon, daß heute die Entwicklungsmöglichkeiten für eine Frau wesentlich besser sind, im Beruf usw. Aber andererseits muß sie sich wieder auch mehr behaupten, sie ist voll im Stress, es wird eben heute auch viel von ihr gefordert. Das kostet natürlich auch sehr viel Kraft und Energie. Aber ob das besser für eine Frau ist, ich weiß es nicht.

Wichtig ist wohl, daß man sein persönliches Ziel nicht aus den Augen verliert. Da gibt es eigentlich kein Glück und keine Liebe, die man vorschieben kann.

Man muß ja nicht langweilig sein. Aber es ist ja doch gut möglich, wenn man ein Kind bekommt, daß das Leben in eine völlig andere Richtung geht, als man sich immer gedacht hat. Daß man Ziele, die man sich mal gesteckt hat, doch aus den Augen verliert, weil die Beeinflussung vielleicht zu stark ist.

Was würden Sie denn heute machen, wenn Sie zwanzig wären und ein Kind kriegten?

Heiraten? Um Gottes willen! Ich würe es selbstverständlich auch allein versuchen. Ich bin eigentlich

Sprüche vom Sparen

«Der Mann soll erwerben . . .

. . . das Weib aber soll sparen.» Einer der Spar-Sprüche von einst. (Dieser stammt übrigens aus den Tischreden des Dr. Martin Luther.)
Wenn nun heutzutage beide erwerben, sollen da auch beide sparen? Oder können sie sich das Sparen sparen?
Früher, als man sparen mußte, galt Sparen als Tugend. Heute, wo man sparen kann, ist Sparen einfach vernünftig.

schon immer fortschrittlich eingestellt gewesen, da ich durch die Bücher so viel erfuhr. Bei uns zu Hause gab es keine Bücher, aber mein Vater war ja Gewerkschaftler. Die Gewerkschaften hatten gute Bibliotheken, und mein Vater brachte immer Bücher mit, die zwar nicht für uns bestimmt waren, die ich aber immer gelesen habe. Da hatte ich schon andere Vorstellungen, aber die Idealvorstellungen und die harte Realität sind zweierlei. Ich hatte keine Ausbildung und vor allem nicht mal einen Gesprächspartner. Mit meiner Mutter konnte ich darüber nicht sprechen, meinen Vater traute ich mich gar nicht erst, so etwas zu fragen. Mein Vater war zwar sehr politisch – im Kopf ja, aber zu Hause hörte das auf. Da war er der totale Patriarch.

Nach dem Krieg fühlte ich mich sehr einsam. Ich war dreißig Jahre damals, ich war aber noch sehr unfertig. Na ja. Man hatte kein Geld, also damit war man ja ständig beschäftigt, mit dieser Lebensumstellung nach dem Krieg, so daß man gar nicht an andere Dinge denken konnte. Es war ja allgemein die Stimmung eines Neubeginns, diese entsetzliche Bedrohung war vorbei. Es wurde die Partei gegründet, in die ich dann auch eintrat. Ich bin zu Parteiversammlungen gegangen, was aber nichts für mich war. Die sprachen nur immer über Parteipolitik und so, während ich voller Ideale war und mir den Sozialismus herbeigesehnt hatte.

Ihr Wiederaufbaugedanke hatte also nicht so viel mit dem materiellen Wiederaufbau zu tun, den alle anstrebten, sondern das war ein ideeller Neubeginn, den Sie wollten. Wie hat sich das bei Ihnen herausgebildet?

Nach dem Krieg hat es unheimlich gute Rundfunksendungen gegeben, zum Beispiel von Axel Eggebrecht, da bekam man sehr viel politisches Wissen mit. Die Sendungen habe ich alle gehört, das war eigentlich das, was mein Bewußtsein geprägt hat. Auf der anderen Seite war ich sehr schlecht vorbereitet, mich materiell abzusichern. Ich habe zwar viel gelesen, aber nie die Realität begriffen . . . wie man seine Ellenbogen gebraucht, um voranzukommen, auch wenn man nichts gelernt hat. Ich habe mir immer gedacht, daß andere auch so denken wie ich. Auch viele Freunde von mir verstehen es nicht, daß ich nicht in der SPD oder der Gewerkschaft etwas geworden bin. Nicht, daß ich es nicht hätte machen können, aber wenn es so weit war, habe ich immer wieder den Rückzieher gemacht. Es hat mich auch immer in meiner Begeisterung oder meinen Vorstellungen gehemmt. Sobald ich irgendwie eine Position hatte, war es bei mir aus. Ich war dann wie gelähmt. Auch bei der SPD hatte ich immer das Gefühl, daß ein großer Teil der Leute auf einer ganz anderen Ebene ist als ich.

In den Parteien reden und diskutieren sie ja nicht über politische Probleme, sondern es wird nur noch delegiert. Da werden Entscheidungen getroffen und die an der Basis müssen das dann schlucken oder gutheißen. Dadurch wird man ja auch dumm gehalten. Diese Art hat mich schon immer abgestoßen und davon abgehalten, aktiv in der Partei zu arbeiten. Ich habe mich dann eher zurückgezogen.

Das ist wohl eine wichtige Sache, daß man nicht immer mehr in das Karrieredenken kommt und immer mehr von dem abrückt, was einen eigentlich interessiert.

Es gab ja damals die Möglichkeit, daß viele Leute aus ganz einfachen Verhältnissen etwas geworden sind in der Partei. Das habe ich nie geschafft.

Das ist aber doch ein typischer Unterschied zwischen einem männlichen und einem weiblichen Weg. An der Basis haben die Frauen wohl auch eine bessere Chance, weil sie sich die hierarchisch gesteckten Laufbahnen nicht so erkämpfen können. Dafür brauchen sie zu starke Ellenbogen, denn da müssen sie ja auch gegen kampfgewohnte Männer und deren Vorurteile gegenüber Frauen antreten.

Ja, wenn man das nicht mitmacht, entwickelt man sich ganz anders und kommt zu ganz anderen Erkenntnissen. Man kapiert viel schneller die Strukturen einer Gesellschaft, oder man stellt sie viel eher in Frage. Ich kenne heute noch Leute, mit denen ich früher zusammen gewesen bin, die sind alle der Partei hörig, die würden das nie in Frage stellen.

Eine Frau hält etwas ganz anderes für erstrebenswert und hat ganz andere Ziele, was mit dem Karrieredenken der Männer überhaupt nichts zu tun hat. Eine Frau sieht das aus einer völlig anderen Sicht, gerade die Politik und das Engagement für Menschen. Frauen handeln weniger bewußt. Ich hab das ja auch nicht bewußt gemacht, sondern intuitiv den Erfolgsweg gewählt, aber für mich selbst, um meine eigene Persönlichkeit zu entwickeln. Ich bin zu ganz anderen politischen Erkenntnissen gekommen als mancher Parteifunktionär. Ich kenne manche Parteifunktionäre, die ihrer früheren Zeit, als sie noch revolutionär und unangepaßt waren, unheimlich nachtrauern, natürlich nur im privaten Gespräch. Also ist das doch etwas, was sie nicht erreicht haben und auf ihrem Wege auch nicht erreichen werden. Sie haben auch keine anderen Entwicklungsmöglichkeiten und bleiben auf einer gewissen Stufe stehen. Sie kommen da auch nicht mehr raus, weil sie es verlernt haben, alles in Frage zu stellen. Das muß man sich auf jeden Fall bewahren.

Denn wenn man alles anzweifelt und in Frage stellt, dann sucht man ja auch. Ich habe gern Utopien gelesen, und die sozialistische Utopie hat mich am meisten beeinflußt. Man versucht dann auch, dahingehend zu leben. Das hat mich als Kind sehr fasziniert, ich dachte, jeder besitzt eine Villa und die Plackerei hört auf im Sozialismus – das war meine Utopie. Aber das liegt daran, wenn es einem schlecht geht und man arm ist; dann konzentriert man mehr seine Wünsche darauf. Man möchte aus dem Elend auch mal raus.

Als Kind habe ich mir immer gewünscht, ein Bett für mich allein zu haben. Ich mußte immer mit meiner Schwester zusammen schlafen. Es war mein sehnlichster Wunsch, mich mal behaglich und wohlig zu fühlen. Dann waren wir immer auf der Jagd nach Eßbarem, da wir stets Hunger hatten. Das alles sind Realitäten, die mit dazu beitragen, daß man vieles begreift und versteht.

Wenn man nie von jemandem persönlich gehört hat, der das selber erlebt hat, ist es schwer, sich das so richtig vorzustellen, weil es so fremd, so entfernt ist.

Das kann man auch nicht. Es ist ja wirklich zum großen Teil sehr subjektiv, was so mit hinein spielt. Ich habe das so oft erlebt, daß junge Leute etwas über den Sozialismus erfahren wollen und meinen, das können sie auch aus Büchern lernen. Natürlich muß man das auch lesen, aber der Grundgedanke oder das Motiv ist eigentlich immer die Empörung über all das Unrecht. Aus jeder Empörung heraus entsteht die Suche nach den Ursachen. Wenn man dann liest, wie die Zusammenhänge sind, welche Gründe es dafür gibt, dann hat man eine echte politische Grundlage. Aber nur Theorie, das läuft dann nicht.

Deswegen können sich viele auch nichts unter Krieg und Hunger vorstellen.

Ja, eure Generation kann sich das einfach nicht vorstellen. Die Herrschenden haben kein Interesse daran, das aufzuklären und die wahre Geschichte zu schreiben, wie es wirklich gewesen ist. Und wenn man jetzt die Presse liest, die Verharmlosung der Rüstung und der Atomenergie . . . Darum meine ich auch, daß unsere Alternativzeitung so wichtig ist. Das ist für mich die praktische politische Arbeit, die ja notwendig ist, um unsere Geschichte aufzuzeigen. Sonst gelangen die Menschen immer wieder zu falschen Vorstellungen, bloß weil sie nicht richtig informiert werden, und dann denken sie, daß das alles nicht so schlimm ist. Ich arbeite bei dieser Zeitung mit, um die Leute damit aufzuklären und weil so viele junge Leute dabei sind, mit denen ich reden und diskutieren kann. Wenn ich z. B. der Meinung bin, daß ein Artikel nicht richtig ankommt, daß das nicht die richtige Sprache ist, dann sag ich das. Denn es muß ja auch das richtig rauskommen und verständlich sein, was gemeint ist. Man muß sich auch mal in die Leute hineinversetzen. Wenn ich hier die Situation sehe, zum Beispiel für die Arbeiterschaft: es gibt nur eine Zeitung und die «Bild»-Zeitung oder das Fernsehen. Und dann haben die Leute keine Zeit, sind abgespannt und müde. Man darf sie deshalb nicht verurteilen. Sie sind einfach nicht informiert. Aber andrerseits wissen sie ganz genau, was mit ihnen passiert. Also für mich sind meine Arbeitssituation und eben meine Bücher wichtig, die mein ganzes Leben bestimmt und beeinflußt haben.

Das Motiv ist eigentlich immer die Empörung über all das Unrecht

Ulrike: Das ist ganz wichtig, finde ich. Man sollte nicht nur intellektuell an die Bekämpfung von Unrecht herangehen. Da steht man doch ganz unglaubwürdig da. Das kann man doch auch ganz genau daran erkennen, daß die Leute letzten Endes oft genauso leben, wie sie es auf der anderen Seite anprangern. Erst wenn der Knacks gekommen ist, daß man eine eigene Erfahrung gemacht hat, oder das Unrecht sieht und bei anderen miterlebt hat, kann man diese intellektuellen Prinzipien auch zu seinen Lebensprinzipien machen, und der politische Kampf ist dann auch glaubwürdig. Ich meine, einer der sich die Apfelsine elektrisch ausdrückt, braucht nicht gegen Atomkraft zu kämpfen.
Es ist wohl ganz wichtig bei allem Engagement für politische oder auch gesellschaftliche oder menschliche Dinge, immer bei den eigenen Er-

fahrungen und der eigenen Empörung oder Freude zu bleiben, und nicht allgemein sich zu engagieren. Ohne ein konkretes Beispiel aus deiner eigenen Erfahrung bleibst du immer unglaubwürdig. Deine intellektuellen Erkenntnisse sind ja immer ganz allgemein, und das kann keiner genau auf sich beziehen, weil jeder in unterschiedlichen Situationen das Unrecht hautnah spürt. Also kannst du dann keinem aus der Seele sprechen. Wenn du aber von deiner persönlichen Erfahrung und deiner eigenen Betroffenheit und Empörung ausgehst, kann ich mich dir sehr wohl anschließen, weil ich Parallelen zwischen unseren Erfahrungen suchen und entdecken kann. Von abstrakten Erkenntnissen kannst du ja nicht subjektive Erfahrungen ableiten. Es muß umgekehrt gehen.

Wenn es danebengeht, schön, aber irgendwie beiße ich mich da durch

Helga Schuchardt, 39 Jahre, Hamburg und Bonn

Als ich die Schule nach der 11. Klasse verließ, habe ich die Handelsschule besucht. Aber dann wurde ich Physikalisch-technische Assistentin. Nach zweieinhalb Jahren Berufserfahrung merkte ich, daß ich total versauerte und nur noch für andere Leute Knöpfchen drehte. Da habe ich dann den Ingenieur gemacht. Mit 25 Jahren bin ich in den Beruf gegangen, habe aber gleichzeitig zum Ende meiner Berufsausbildung angefangen, mich politisch zu engagieren.

Kam das durch Kollegen?

Nein, ich bin von meinen Eltern schon zu politischem Denken erzogen worden. Dann habe ich mich entschieden, in die FDP einzutreten und war zunächst vorwiegend bei den Jungdemokraten aktiv. Diese Aktivitäten liefen alle neben dem Beruf her. Ich habe damals noch nicht daran gedacht, daß ich irgendwann mal stärker in die Politik gehen würde, geschweige denn, meinen Beruf unterbrechen würde. Ich habe meinen Beruf nämlich sehr gerne ausgeübt. Ich bin dann eigentlich automatisch in die politische Karriere hineingekommen. Ich war zunächst einmal im Bundesvorstand der Jungdemokraten, damals übrigens für Frauen noch außerordentlich ungewöhnlich, dann habe ich 1970 sowohl für den Bundesvorstand wie für die Hamburger Bürgerschaft kandidiert und bin beide Male gewählt worden, wahrscheinlich eher unter dem Aspekt, hier hat man zwei Fliegen mit einer Klappe geschlagen, also erstens Frau und zweitens Jungdemokratin.

Ich bin dann in die Hamburger Bürgerschaft eingezogen, was allerdings noch nebenberuflich lief, insofern war die Entscheidung einfach. 1972 habe ich für den Bundestag kandidiert und bin eben auch in den Bundestag gewählt worden. Zu diesem Zeitpunkt mußte ich einsehen, daß sich ein Bundestagsmandat schlecht vereinbaren ließ mit einer anderen Berufstätigkeit, jedenfalls bei dem Beruf, den ich hatte. Ich bin dann für meine Parlamentstätigkeit freigestellt worden, so daß ich nun ganztägig in der Politik bin. Seit 1975 bin ich die erste Landesvorsitzende.

Das klingt alles so, als wenn Sie diese Ämter so als Alibi bekommen hätten, nach dem Motto: Da muß auch mal eine Frau rein . . .

Ich glaube, daß ich nicht in erster Linie deshalb gewählt worden bin. Es gibt nur wenige Frauen, die bereit sind, für solche Ämter zu kandidieren. Insofern hatte ich es sicherlich leichter, als wenn ich ein Mann gewesen wäre; aber gar nicht mal so sehr unter dem Gesichtspunkt des Alibis, sondern eher, weil es eben recht selten ist, wenn eine als qualifiziert eingestufte Frau da am Horizont erscheint und tatsächlich bereit ist, zu kandidieren. Männer, die vielleicht ähnlichen Ehrgeiz oder sogar noch stärkeren haben, die gibt es ja zahlreich, die tummeln sich gemeinsam auf dem gleichen Feld herum. Wenn dann plötzlich eine Frau auftaucht, fällt sie zumindest schon mal auf, und wenn man dann mit ihr gut auskommt, sagt man sich, warum eigentlich nicht. Jedenfalls hatte ich in der Politik Startvorteile.

Im Beruf ist das ein bißchen anders. Da hatte ich lediglich das Glück, 1965, weil es einen Ingenieurmangel gab, diesen Job zu bekommen. Ich weiß von einer Freundin, die 1968/69 einen anderen Job als Ingenieurin suchte und schlicht und einfach abgelehnt wurde, weil sie eine Frau ist. So muß man differenzieren zwischen den Chancen in der Politik und in der Wirtschaft.

Wie sieht das bei Ihnen privat aus? Sie sind verheiratet und leben mit Ihrem Mann zusammen. Läßt sich das gut vereinbaren, da sie ja beide voll im Beruf sind?

Also ich habe meinen Mann über die Politik kennengelernt. Er war damals, als wir heirateten, Vorsitzender der Jungdemokraten in Schleswig-Holstein. Wenn man also ein Leben führt wie wir es

z. B. tun, geht das ja nicht gegen den Willen eines Partners, sondern man ist ja darauf angewiesen, daß der andere nicht nur mitzieht, sondern einen ganz entscheidend unterstützt. Ich hätte das sicherlich nicht gemacht, wenn meine Entscheidung nicht auch dem Wunsch meines Mannes entsprochen hätte. Als Ehepaar in der Politik zu arbeiten ist sehr schlecht. Wir mußten entscheiden, wer von uns beiden in die Politik geht. Dadurch, daß mein Mann von Kiel nach Hamburg gezogen ist, fiel dann das Los auf mich, daß ich also in der Politik aktiver bleibe.

Wie sieht Ihre Arbeitszeit aus?

Dadurch, daß der Bundestag in Bonn sitzt, muß ich praktisch in den Sitzungswochen von Dienstag bis Freitagnachmittag in Bonn bleiben, das sind etwa 25 Wochen im Jahr. Manchmal muß man natürlich auch am Wochenende schon hin, aber das ist so die durchschnittliche Ortsabwesenheit. Wenn ich in Hamburg bin, werde ich zwar auch als Landesvorsitzende an verschiedene Orte gerufen und auch sehr häufig abends, aber das bringt die Politik nun mal mit sich. Ich versuche, um die Toleranz meines Mannes nicht allzu sehr zu überfordern, am Wochenende wenigstens in Hamburg zu sein. Männer in der Politik legen zum Teil ein sehr rücksichtsloses Verhalten ihrer Familie gegenüber an den Tag und sind auch noch stolz, wenn sie öffentlich verkünden können, daß ihre Kinder sie inzwischen siezen oder Onkel nennen. Das halte ich für völlig unakzeptabel, auch in der Politik muß sich jeder einen gewissen Privatraum bewahren, wenn für ihn die Familie einen Wert hat.

Die Politik nimmt Sie also täglich in Anspruch, kommen die Freunde da nicht zu kurz?

Tja, das ist eigentlich genau der schwache Punkt . . . Es ist ja so, daß ich das freiwillig mache und das heißt, daß die Politik mir so alles in allem Spaß macht. Störend ist die starke Unregelmäßigkeit, daß man abends eigentlich nie zu Hause ist und richtig zusammenhängende Wochenenden auch selten hat. Das ist manchmal sehr frustrierend. Trotzdem kann man sich dem natürlich nicht entziehen, denn jeder Beruf hat auch negative Seiten.

Außerdem ist es so, wenn man häufig abends und am Wochenende Termine hat, daß der Freundeskreis, den man vorher hatte, zu kurz kommt. Man muß sich sehr davor hüten, daß man nicht nur mit Parteileuten zusammen kommt. Wir versuchen daher – das macht mein Mann im wesentlichen – mit früheren Kollegen z. B. Kontakt zu halten und unseren Freundeskreis zu erhalten. Man muß eben auch stur Termine wie Theater zum Beispiel einhalten, auch wenn sie nichts mit der Politik zu tun haben, aber einfach als einen Termin akzeptieren, der ganz wichtig ist. Darum plane ich meine Wochenenden so, daß ich lieber mal ein ganzes Wochenende mit Terminen habe, dafür ein anderes aber ganz frei.

Denken Sie manchmal, daß Sie vielleicht lieber Hausfrau und Mutter wären und sich am besten aus der Politik rausgehalten hätten?

Doch, das kommt vor. Aber ich glaube, das ist auch nicht untypisch. Das wird sicher jeder Mutter, jeder Frau im Beruf so gehen. Manchmal überkommt mich das auch, wenn ich denke, ich bin der Sklave meines Terminkalenders, oder andere überhaupt kein Verständnis haben, wenn man sagt, daß man etwas Privates vorhat, das wichtiger für einen ist.

Es ist sicher in Ihrem Beruf auch so, daß sich Beruf und Privatleben häufig miteinander verquicken. Es gibt doch bestimmt Probleme, die man nicht so einfach trennen kann, wie vielleicht bei einer anderen Arbeit.

Es ist eben keine Arbeit, die man einfach macht und dann weggeht, die dann liegen bleibt. Aber das interessante ist, es gibt ja kaum einen Beruf wie Bundestagsabgeordneter oder Mandatsträger in irgendwelchen Parlamenten, der so vielfältig ist. Darin liegt eben der große Vorteil, daß der Beruf sehr abwechsungsreich ist, und vor allem kann man selber bestimmen, auf welchen Gebieten man z. B. arbeiten will, ob man mehr Umweltschutz, mehr Bildung oder was auch immer machen möchte! Man entscheidet sich dann für das, was am meisten Spaß macht und wofür man glaubt, am meisten tun zu müssen. Man kann sich natürlich nicht so spezialisieren, weil man ja doch irgendwie die Gesamtpolitik berücksichtigen muß, aber die Tätigkeit ist so unglaublich vielfältig und sie kann dadurch noch verschönert werden, daß man selber Einfluß nehmen kann. Da gibt es eben ganz wenige Berufe. Selbst die Hausfrau kann nicht schwerpunktmäßig nur das tun, was sie für richtig hält. Es gibt da eine gewisse Gestaltungsmöglichkeit und sonst doch sehr viel Routine, die natürlich auch bei einem Politiker anfällt, z. B. Briefe müssen beantwortet werden, was zum Teil manchmal auch nur Routine ist. Aber trotzdem gibt es verhältnismäßig große Gestaltungsmöglichkeiten.

Wie verhalten sich Bürger Ihnen gegenüber? Sprechen sie Sie an oder halten sie Sie für unnahbar?

Leute, die mich auf der Straße erkennen, sprechen mich selten an. Schon eher Leute aus der Nachbarschaft. Man kann das schlecht beurteilen, weil es bestimmt auch viele Leute gibt, die mich erkannt haben und sich nicht getraut haben, mich anzusprechen. Nun gehöre ich auch zu den Leuten, die häufig gar nicht merken, wenn sie von anderen erkannt werden, außerdem schaue ich immer auf den Boden, was ich aus meiner Kindheit beibehalten habe.

Machen Sie auch bei politischen Veranstaltungen mit?

Wenn man zum Beispiel eine Podiumsdiskussion oder was auch immer macht, dann kommen ja schon vorwiegend Interessierte, die allgemein politische Anliegen haben. Was ganz problematisch für einen Politiker ist: Wie kriegt er eigentlich den Kontakt zu denen, die unpolitisch oder uninteressiert sind, die nicht wagen, an einen Politiker heranzutreten? Diese kommen dann natürlich auch nicht zu politischen Veranstaltungen, d. h. zu denen hat man praktisch keinen Kontakt, und das ist die überwiegende Mehrheit.

Sehen Sie eine Möglichkeit, diesen Leuten näher zu kommen, indem Sie vielleicht auf die Straße gehen oder in Kneipen?

Das ist ein Grund, weshalb man diese Informationsstände macht, da kommen dann auch Gespräche zustande. Deshalb mag ich an diesen Ständen auch nicht gern über Mikrophon sprechen, obwohl man da gleich hundert Leute ansprechen kann, aber das bringt nicht den engen Kontakt. Die Erfahrung habe ich auch aus meinem Wahlkreis. Da kommen die Leute und sprechen dann auch mal eine halbe oder dreiviertel Stunde mit mir. Einige meiner Parteifreunde haben Kneipenkontakte gesucht und haben auch gute Erfahrungen damit gemacht. Ich persönlich bin dazu wohl nicht so geeignet. Aber ich überlege, ob ich meine Scheu da nicht einfach mal überwinden muß. Das Interesse ist bei den Bürgern wohl da. Ob sie dann allerdings auch über ihre Probleme reden, ob man da den Zugang hat, das weiß ich nicht. Wahrscheinlich wird das Gespräch dann nur einseitig geführt. Es wird dann so anonym über Politik geredet.

Vielleicht ist es für Sie auch schwieriger, weil sie ja meistens über Vermittler, wie Zeitungen, an die Bürger rantreten, so daß sie einfach zu abgekapselt sind. Obwohl Sie für die Interessen der Bürger eintreten sollen, kennen Sie

viele ihrer Schwierigkeiten nicht.
Ja und nein. Ich glaube, ich habe noch genügend Kontaktmöglichkeiten. Wenn man allerdings in der Hierarchie noch höher eingestuft ist als ich, wird das immer schwieriger. Ein Beispiel sind unsere Minister, die ja ständig mit einem Troß von Sicherheitsbeamten rumlaufen müssen.

Die haben ja praktisch überhaupt kein Privatleben mehr, wenn sie noch nicht mal allein einkaufen gehen können, ohne ständig gefährdet zu sein.

Darin liegt ein ganz großes Problem. Das ist ja nicht nur die Regierung, sondern auch die Opposition, die von diesem Sicherheitsgürtel umgeben ist, und wir zum Teil eben auch. Selbst im Bundeshaus. Früher konnten die Leute mich besuchen, heute ist das ohne große und umständliche Formalitäten nicht mehr möglich. Das ist wirklich auch ein großes Problem, das durch den Terrorismus und die Reaktion darauf entstanden ist; so haben sie also ihren Teil dazu beigetragen, den Kontakt zwischen Politikern und Bürgern, der ohnehin verbesserungswürdig war, nun noch zu verschlechtern.

Was wollen die Bürger in Ihrer Sprechstunde von Ihnen? Wahrscheinlich sind doch viele noch so programmiert, daß sie mit einer Frau eher private Probleme oder frauentypische wie Familie, Gesundheit oder so besprechen wollen?

Ich erlebe es tatsächlich sehr häufig, daß zu mir Leute kommen, die einfach von mir erwarten, daß ich für bestimmte Probleme mehr Verständnis habe, weil ich eine Frau bin. Gerade von Frauen kommt das sehr oft. Ich kann also nur vermuten, daß bei mir in der Sprechstunde mehr Frauen sind als bei meinem männlichen Kollegen, während bei Männern fast ausschließlich Männer erscheinen. Das sind noch immer die Klischees, daß es heißt, Frauen haben Verständnis für soziale Probleme, während Männer dafür kein Verständnis haben. Das finde ich den Männern gegenüber auch ungerecht. Aber in der Politik ist es leider so, daß die Männer bisher noch nicht bereit waren, Positionen zu räumen, die bisher ihre Domäne waren. Deswegen würde ich schon aus Prinzip nicht Gesundheitsministerin werden. Warum soll ein Mann nicht das Familien- und Gesundheitsministerium übernehmen? Wir predigen doch schon lange, daß ein Mann nun auch mal seine Pflichten im Haushalt erkennen muß und ebenso für die Erziehung der Kinder verantwortlich ist wie eine Frau.

Als sie so alt waren wie wir oder

jünger, hatten Sie immer schon die Vorstellung von einer selbständigen Frau, ohne Haushalt, ohne Kinder, oder konnten Sie sich vorstellen, als Frau von einem Mann unterdrückt zu werden?

Ich bin von einer Müttergeneration erzogen worden, die plötzlich im Krieg allein stand. Bei vielen Müttern war das ein Grund, ihren Töchtern eine Ausbildung zu ermöglichen. Ich glaube, es gab damals, stärker als heute, von der Familie her das Bewußtsein, daß die Arbeitsteilung – Vater ist für draußen zuständig und Mutter fürs Haus – doch nicht so in Ordnung war. Das hat sich etwas gewandelt, als es wieder die intakten Familien gab, schon hatten wir wieder diese Zweiteilung der Rollen. Ich kann mir vorstellen, daß das heute fast noch etwas schlimmer ist als zu meiner Kindheit. Meine Mutter war immer berufstätig, insofern war es für micht nichts Unnatürliches, daß Frauen einen Beruf ausüben. Ich weiß nicht mehr genau, was damals meine Wünsche waren, aber ich glaube schon eher in Richtung Berufstätigkeit außerhalb des Hauses.

Trotzdem könnte ich mir vorstellen, daß ich ganz zufällig einen ganz anderen Weg hätte nehmen können. Denn wenn man so Anfang zwanzig ist, mit der Ausbildung noch nicht ganz fertig ist, dann einen Mann kennenlernt und heiratet, dann kann das auch ganz anders laufen. Man bekommt früh Kinder und so geht's dann weiter. Das hängt oft ganz von persönlichen Zufällen ab. Aber ich habe das, was ich jetzt mache, nie vorgehabt. Das hat sich ergeben. Natürlich sollte man mit achtzehn eine Vorstellung haben, was man so machen möchte. Aber vieles ergibt sich auch. Ich habe erst mit 29 Jahren geheiratet. Da hatte ich aber schon einige Berufsjahre hinter mir. Es ist vielleicht auch wichtig, daß man sich Zeit läßt. Es hätte aber auch sein können, wenn wir nach Kiel gezogen wären, daß ich meinen Beruf hätte wechseln müssen. Ich hätte wahrscheinlich auf Gewerbelehrerin oder so was umsatteln müssen, während für meinen Mann als Beamter der Wechsel von Kiel wesentlich einfacher war. Das wäre vielleicht auch ganz gut gelungen, aber dann hätte sich mein Lebensweg sicher völlig anders entwikkelt. Ich hätte einen Vormittagsjob gehabt, am Nachmittag wäre ich zu Hause gewesen, das kann man gut mit Kindern verbinden. Dann hätte ich sicher auch Kinder gehabt, dann wäre alles anders gelaufen. Ich hätte dann nicht für den Bundestag kandidieren können, das wäre dann nicht zu vereinbaren gewesen.

Meinen Sie nicht auch, daß Sie auch mit Kindern, vielleicht nicht in dieser Position, aber bestimmt auch in einem anderen Beruf sehr engagiert arbeiten könnten?
Das ist richtig, wenn wir z. B. Hausfrauen nehmen, da gibt es viele, die trotz der Kinder engagiert arbeiten, die ihre sozialen Aufgaben ernstnehmen. Zu dem Typ von Hausfrau, also die nicht einfach zu Hause bleiben, sondern sich trotzdem engagieren, hätte ich sicher auch gehört.
Hätten Sie sich in die typische Frauenrolle gefügt?
Ich glaube, das hängt auch davon ab, wie das Familienleben klappt. Also wenn der Mann, der in der Regel das Geld verdient, keine Gelegenheit ausläßt, um eine Abhängigkeit spüren zu lassen, dann wäre das sehr bedrückend. Aber wenn das eine Ehe ist, in der bewußt akzeptiert wird, daß man arbeitsteilig tätig ist, das heißt, daß es für den Mann selbstverständlich ist, daß der Unterschied nur darin besteht, daß er für seine Tätigkeit Geld bekommt und sie nicht und insofern sein Einkommen als das von beiden verdiente empfindet, dann ist es nicht so bedrückend. Aber das wiederum hängt von dem Zufall ab, ob man so einen Mann erwischt oder nicht.
Ein Mann, der von mir erwartet hätte, daß ich meine Berufstätigkeit aufgebe, um nur für ihn da zu sein, wäre mit Sicherheit für mich nicht in Frage gekommen. Also, ich würde niemals meine Unabhängigkeit aufgeben, um mich in volle Abhängigkeit zu begeben.
Es gibt ja leider diese Fälle, viel häufiger als man denkt, daß die Männer darauf bestehen, daß ihre Frauen zu Hause zu bleiben haben, weil sie es sich leisten können, daß ihre Frau nicht arbeitet: Meine Frau hat es nicht nötig, zu arbeiten. Geht dann die Ehe auseinander, und die Frau beansprucht die Hälfte des gemeinsam Verdienten, sind die Männer ganz erstaunt, daß ihre Wünsche plötzlich materielle Folgen für sie haben sollen.
Es gibt eben Zufälle, man kann nicht alles rational planen. Ich habe mir mein Leben, so wie es jetzt verlaufen ist, nicht vorgestellt, aber ich habe es sicher auch nicht allein dem Zufall überlassen.
Diejenigen, die immer Entscheidungen vor sich herschieben, sind am schlimmsten dran, weil sie irgendwann feststellen, daß sie alles verpaßt haben. Also nehmen wir mal mein Beispiel: Ich bin in einen Männerberuf gegangen und gehörte zur absoluten Minderheit. Ich habe mir gesagt, ich versuch es einfach, wenn es danebengeht, na schön, aber irgendwie beiße

ich mich da durch. Man lernt ja ungeheuer viel mit jeder Aufgabe. Ich mache keinen Hehl daraus, daß ich bei jedem Schritt immer zuerst Zweifel hatte, ob ich das auch richtig gemacht habe. Ich war nie von Anfang an davon überzeugt, daß ich das auch schaffe. Das ist vielleicht auch heute noch ein ganz entscheidender Unterschied zwischen Männern und Frauen. Männer sind von Anfang an darauf programmiert, daß sie es schaffen. So von der Einstellung her halten sie sich ja für robuster und intelligenter, weil ihnen das ja auch anerzogen wird. Das wird den Kindern heute auch noch anerzogen, daß Jungen einfach mehr Selbstbewußtsein haben müssen, das wird sich sicher auch sehr langsam nur ändern.

Ich hatte immer, auch als Mädchen, mehr Selbstbewußtsein, aber das liegt auch an meiner Erziehung, die eben nicht so geschlechtsbezogen war. Ich habe auch erst im Laufe meiner politischen Tätigkeit erfahren, daß es eine echte Benachteiligung von Frauen gibt. Gut, ich hatte es etwas schwerer als Männer, als ich mich als Ingenieurin bewarb, aber das war mir klar. Ich bin ja nicht blind durch die Gegend gelaufen. Das habe ich von vornherein gewußt, wenn man einen solchen Beruf ergreift, daß man an bestimmte Grenzen stößt, mit denen man halt fertig werden muß, sonst soll man es besser lassen.

Aber Sie mußten sich dann doch unheimlich durchsetzen. Sie mußten doch wesentlich mehr Kraft investieren als Männer, um überhaupt in diese Männer-Berufswelt reinzukommen?

Da ist immer der unterschwellige Vorwurf, daß eine Frau, wenn sie es geschafft hat, sich in bestimmten Positionen gegen Männer durchzusetzen, über ein Mehr an Rücksichtslosigkeit verfügen muß als Männer. Dem möchte ich ganz entschieden widersprechen, weil das ein typisches Vorurteil ist. Es werden einem plötzlich alles Attribute aufgedrückt, zum Beispiel, daß man besonders hart sein muß, und das gilt ja als unweiblich. Eines ist natürlich ganz klar, daß eine Frau, die in vorwiegend von Männern beherrschte Gebiete einbricht, ein bißchen mehr Selbstbewußtsein mitbringen muß, was aber umgekehrt auch für Männer gilt. Ein Mann, der bereit ist, in weibliche Domänen einzubrechen, zum Beispiel, indem er sich mitverantwortlich fühlt für den Haushalt, oder eine ältere Frau heiratet, der muß wesentlich mehr Selbstbewußtsein mitbringen als der Mann, der sagt, ich mach das nicht, und meint, er wäre der männliche

Teil, und derjenige, der das macht, stehe unter dem Pantoffel. Das wird ja immer gleich negativ beurteilt. Derjenige, der also bewußt gegen das alte Klischee angeht und die neue Arbeitsteilung akzeptiert, der gilt dann als unmännlich.

Wenn fremde Leute über Sie in Zeitungen schreiben und Sie beurteilen, obwohl sie Sie gar nicht kennen, stört Sie das, oder ist es Ihnen egal?

Wenn es objektiv falsch ist, ist man persönlich zwar nicht so sehr betroffen, ärgert sich aber darüber, weil andere sich daraufhin ein Bild machen. Damit muß man aber als Politiker leben. Ich kann nicht behaupten, daß ich das einfach einstecke, ohne daß es mich berührt, obwohl ich relativ leicht damit fertig werde, auch mit negativen Beurteilungen. Was mich am meisten stört, ist, wenn mich eine Frau mit den typischen Klischees belegt. Letztens gab es zum Beispiel in der «Zeit» ein Porträt über mich, das eine Frau gemacht hat. Sie hat erstens viele Zitate über mich zusammengefügt, die mal irgendwo gestanden haben, wie «metallischer Charme» oder «die Kühle aus dem Norden», aber eine Bemerkung hat mich ganz tief getroffen. Ich habe ja bisher nur gegen Männer kandidiert, und in dem Artikel hieß es dann unter anderem, daß «Helga Schuchardt in einer ungeheuren Härte», oder so ähnlich, «diesen armen Mann auf harten Beton aufschlagen ließ». Also das hat mich so gekränkt! Wenn Männer gegen Männer kandidieren, dann siegt einer und der andere verliert. Wenn eine Frau gegen einen Mann kandidiert, heißt es dann, daß diese Frau dem armen Mann den Schutz genommen hat, weil sie eine fürchterliche Frau ist mit schrecklichem Ehrgeiz und der totalen Rücksichtslosigkeit, um überhaupt so ein Amt zu erreichen. Also das habe ich wirklich als persönliche Beleidigung empfunden, und daß sie als Frau die Klischees in so schlimmer Weise dargestellt hat. Damit meint sie ja nicht nur, daß ich ein unweibliches, sondern ein geradezu unmenschliches Verhalten gezeigt habe!

Wie sehen Sie Ihre Aufgabe, Frauen für die Politik zu werben?

Bei Frauen muß man ja mehreres überwinden. Zunächst ist es schwierig, daß sie sich überhaupt engagieren. Diejenigen, die sich plötzlich auf unweiblichen Feldern tummeln, in der Politik, die ja angeblich den Charakter verdirbt, in der Mathematik, die ja überhaupt nicht dem weiblichen Naturell entspricht, weil sie so logisch ist, werden auch als unweib-

lich angesehen. Manche wären sicher in der Mathematik sehr viel besser, sind es aber deshalb nicht, weil das im Prinzip als unweiblich gilt. Ich finde, da haben wir nach wie vor noch nicht sehr viel mehr erreicht. Die Folge ist, daß man dann doch lieber wieder in seine Rolle zurückgeht, weil man nicht anecken will, und schon wird wieder alles so gemacht wie es Generationen vorher gemacht haben. Wenn Frauen in eine politische Partei gehen, kommen sie in eine an sich von Männern bestimmte Welt. Das zweite ist dann die Bereitschaft, im Wettbewerb mit Männern zu bestehen. Und da sehe ich in den letzten Jahren eine erfreuliche Zunahme an Engagement bei Frauen, die mehr und mehr in der Kommunalpolitik tätig sind. Es ist ja unbedingt wichtig, daß da mehr Frauen als Männer reinkommen, damit nicht immer nur darüber nachgedacht werden kann, welche Baupläne zu machen sind, sondern daß vernünftige Schulen gebaut werden usw. Und da ist ein echter Wandel zu spüren, ich sitze plötzlich nicht mehr allein da.
Diese Entwicklung ist nicht zurückzuschrauben, das ist völlig ausgeschlossen. Das sind ja nicht nur die Jüngeren, sondern häufig auch Frauen, die ihren Beruf zu Gunsten der Familie unterbrochen haben und nun wieder außerhalb der Familie etwas machen möchten. Da gibt es doch sehr viele, die nicht nur von Kindern oder Mann erfahren wollen, wie es in der praktischen Auseinandersetzung draußen ist, sondern die selber daran beteiligt sein wollen.

Wird Ihr Mann manchmal von Männern und – vielleicht noch bitterer – von Frauen darauf angesprochen, daß es eigentlich doch unnatürlich ist, sozusagen als Mann im Schatten seiner Frau zu stehen?

Ja, anfangs sehr stark, heute nicht mehr so. Es gibt da eine lustige Anekdote: An einem Wochenende war ich hier zu Hause beschäftigt, und mein Mann ging in einen Waschsalon, um unsere Wäsche zu waschen. Eine ältere Frau half ihm dabei, die Wäsche zusammenzulegen und sagte zu ihm: Junger Mann, sie sollten heiraten. Heute hat man sich daran gewöhnt. In unserem Freundeskreis sind wir auch kein Einzelfall.

Müssen Sie immer besonders darauf achten, wenn Sie mit Leuten beruflich oder privat sprechen, was Sie sagen?

Man kann nicht alles aussprechen, was man denkt. In der Politik ist es schrecklich weit verbreitet, daß jedes Wort auf die Goldwaage gelegt wird und gegen einen verwendet werden kann, und das hat bei manchen Politikern den Nachteil, daß sie gar nichts mehr beantworten. In bestimmten Positionen muß man immer die Gratwanderung gehen zwischen dem, was gesagt werden müßte, auch wenn es unpopulär ist, und andererseits doch nicht so weit zu gehen, daß man zu totalen Mißverständnissen Anlaß gibt. Ich hoffe, diesen Mittelweg für mich gefunden zu haben.

Müssen Sie auch bei privaten Gesprächen immer so kontrolliert sein, oder wie ist es, wenn sie sich hier so mit uns unterhalten?

Ich glaube nicht, daß ich das auf private Gespräche übertrage. Ich rede so und sage das, was ich auch tun würde, wenn ich keine Politikerin wäre.

Wenn ich allerdings weiß, daß Leute nur etwas hören wollen, um es dann verfälscht nach außen zu tragen, muß ich mir schon genauer überlegen, was ich sagen will. Außerdem muß man als Politiker stets mit dem Risiko leben, daß man mißverstanden wird.

Wenn man selber daran interessiert ist, bei einem solchen Gespräch, daß man mit der Erfahrung, die man selber gesammelt hat, Informationen weitergeben könnte an diejenigen, die vielleicht bereit sind, ähnliche Wege zu gehen, dann muß man auch bereit sein, das, was man selber getan hat, kritisch zu bewerten.

Haben Frauen in der Politik irgendwelche anderen Eigenschaften als Männer? Mit welchen Kollegen arbeiten sie am liebsten zusammen, mit Frauen oder mit Männern?

Für mich ist das von der jeweiligen Persönlichkeit abhängig. Ich habe gute Beziehungen zu weiblichen wie auch zu männlichen Kollegen. Daß Frauen miteinander nicht können, ist ein sehr gepflegtes Vorurteil, das überhaupt nicht zutrifft. Wenn man beobachtet, wie die Männer im Bundestag miteinander umgehen und sich mal vorstellt, das wären alles Frauen – wie sich da die Männer mokieren würden. Es ist ja unglaublich, was sich Männer da an den Kopf werfen. Es ist eine große Gefahr – und da haben manche Frauengruppen eigentlich nicht unrecht, wenn sie uns beobachten –, daß man plötzlich den Stil derer annimmt, in deren Welt man einbricht; daß das Emanzipations- und Gleichberechtigungsproblem nicht unter dem Gesichtspunkt der neuen Rollenfindung gesehen wird, sondern unter dem Gesichtspunkt der Übernahme der Rolle des anderen. Ich muß mich da sehr beobachten und plötzlich feststellen, daß ich genau die gleiche Verhaltensweise habe wie

Männer in der gleichen Position. Ich frage manchmal Freunde, die ich lange nicht gesehen habe, ob ich mich verändert habe. Denn oft merkt man das selbst gar nicht. Es gab mal eine Phase, wo die mir gesagt haben, daß ich nicht mehr zuhören kann. Das ist mir bei Politikern selbst immer als sehr unangenehm aufgefallen. Die können fast alle nicht mehr zuhören.

Das muß einem aber erst auffallen, dann kann man was dagegen tun, und darin liegt vielleicht schon ein bestimmter Unterschied, indem man einfach sagt, wir machen Bestimmtes nicht mit, zum Beispiel sich total auffressen lassen vom Beruf, wie das bei vielen Männern der Fall ist.

Es gibt einen zweiten Unterschied, und der liegt zweifellos in der politischen Priorität. Ich habe im Laufe der Jahre festgestellt, daß die Frauen eigentlich keine Lobby haben mit ihren speziellen Interessen, und daß die Männer auch gar nicht die speziellen Interessen verstehen können, weil sie davon selber gar nicht betroffen sind. Also muß sich eine Politikerin zum Fürsprecher der Interessen machen, die ein Mann niemals begreifen würde. Darin liegt also vom Ziel her der Unterschied. Das kann ich – um Gottes willen nicht in der Frauenpolitik – aber in der Bildungspolitik, in der Finanzpolitik, in der Außenpolitik, in der Dritten Welt-Politik machen, indem ich bei einem Projekt gleich nachfrage, was bewirkt das für die Frauen.

Unsere FDP-Männer bringen schon von zu Hause die Erfahrung mit, daß eine Frau nicht nur zu ihrer Betreuung oder Kindererziehung da ist, sondern akzeptieren bereits, daß es keine unterschiedliche Rollenverteilung geben sollte. Bei uns gibt es schon mehr von diesen Männern als in den anderen Parteien.

Ein weiterer Unterschied kommt hinzu, daß man bei Frauen viel stärker das Aussehen beurteilt, also bei Frauen wird auch immer darüber berichtet, was sie anhatten bei irgendwelchen Anlässen, aber damit muß man leben.

Könnten Sie sich vorstellen, der nächste weibliche Bundeskanzler zu sein, bzw. würde Sie die Position reizen?

Nein. Ich bin ein sehr engagierter Parlamentarier und finde es wichtig, daß man diese Kontrollfunktion, die ein Parlament ja hat, wahrnehmen kann, anstatt in der Exekutive tätig zu sein. Das kann auch eine reizvolle Aufgabe sein, aber für mich stellt sich die Frage im Moment nicht. Ich werde häufig darauf angesprochen, was denn mein nächstes Ziel sei, was eine typisch männliche Frage ist.

Als wenn man nicht mit dem, was man tut und erreicht hat, zufrieden sein kann. Ich brauche nicht ein neues Amt, um meine Befriedigung zu haben.

Wenn es danebengeht, schön, aber irgendwie beiße ich mich da durch

Elisabeth: Den Gedanken finde ich sehr wichtig. Das bedeutet, daß man schon ein starkes Selbstbewußtsein hat und einen starken Willen, aber es bedeutet auch, daß man den Mut hat, zu versagen. Die konsequente Haltung ist da, und man soll auch nichts unversucht lassen oder sich durch einen Mißerfolg bremsen lassen. Wenn einem andere Steine in den Weg legen, muß man die eben versuchen zu überwinden und darf sein Ziel nicht aus den Augen verlieren.
So einen Satz überhaupt zu sagen, wenn man ihn wirklich durchdacht hat, das bedeutet schon, daß jemand ein sehr starkes Selbstbewußtsein hat, denn es zeigt ja auch bei allem Willen und Durchhaltevermögen, das jemand eine kritische Distanz zu sich selbst hat und auch beobachten kann, wann eine Forderung oder ein Weg sinnlos geworden ist oder wann man eine andere Richtung einschlagen muß.

Mein Leben sollte bunt und regellos sein

Dagmar Kelch, 53 Jahre, Lüneburger Heide und Indien

Zur Zeit lebe ich im Sommer allein im Wald in einer Hütte und arbeite als Sachbearbeiterin in einer chemischen Fabrik im Export. Im Winter fahre ich nach Indien. Von der Firma trenne ich mich jedes Jahr ohne jegliche Vereinbarung für das nächste Jahr, d. h. sie sagen nicht, daß ich im nächsten Jahr wieder anfangen kann, sondern daß ich nachfragen kann, ob sie wieder etwas frei haben. Ich gebe also praktisch jedes Mal meine Stellung auf, damit ich nach Indien fahren kann. Wenn ich zurückkomme, muß ich wieder von vorn anfangen. Es ist schon passiert, daß die Firma mir abgesagt hat. Aber durch Zufall fiel dann eine Kollegin aus, so daß ich für sie einspringen konnte. Das wiederholt sich bereits so seit acht Jahren. Ich bin jetzt acht Sommer immer wieder in dieser Firma eingestellt worden. Dazu muß ich sagen, daß ich natürlich eingearbeitet bin und mich auch um diese Stelle bemühe. Sie sind mit mir zufrieden, deswegen nehmen sie mich immer wieder, wenn irgendeine Lücke da ist. Wenn sie mich aber ständig beschäftigen wollten, müßte ich die Stelle aufgeben, da mir die Indien-Reise wichtiger ist. Aber ich verdiene in dem halben Jahr das Geld, wovon ich dann ein ganzes Jahr leben und meine Reisen finanzieren kann.

Ich habe hier so eine Hütte im Wald, in der ich lebe. Ich bin nämlich ein Naturmensch. Ich lebe sehr gern im Wald und zelte auch im Moor, und das ist nur hier möglich. Das ist eigentlich die Hauptsache.

Sind Sie immer allein? Haben Sie keine Angst im Wald?

Niemand fragt mich, ob ich im Büro keine Angst habe. Dabei ist dort der Boden unter den Füßen wie Glas. Er kann jeden Augenblick einbrechen. Im Wald fühle ich mich geborgen. Ich bin zwar hier allein, aber ich habe überall in der Welt Freunde. Ich habe eine Freundin, die ich in Afrika kennengelernt habe, die mich manchmal in der Hütte besucht, aber es ist gar nicht jeder zugelassen. Das ist mein ganz persönlicher Bereich, und da dulde ich auch nur Menschen, die zu meinem ganz persönlichen Bereich gehören.

Ich musiziere ein bißchen, male Bilder. Aber eigentlich streife ich am liebsten in Wald und Heide umher. Große Strecken lege ich mit dem Fahrrad zurück, und das macht mir sehr viel Spaß. Das ist jedenfalls meine Lieblingsbeschäftigung.

Was hat Sie dazu gebracht, nach Indien zu fahren?

Ende des Krieges, ich war neunzehn Jahre alt, habe ich vor dem Fenster gestanden, damals war ich Rote-Kreuz-Schwester, und stellte mir die Frage, was nun? Bis dahin war es keine Frage, und im Krieg wurde man nicht gefragt. Ich sehe noch heute, wie ich vor dem Fenster stehe und hinausschaue, so als wenn die Welt vor mir liegt, und da habe ich mir diese Frage gestellt, allerdings habe ich sie mir umfassender gestellt und mir nicht nur einen Beruf vorgestellt. Ich wollte das Leben kennenlernen, das mir bunt und vielfältig erschien, wollte in die verschiedensten Bereiche eindringen, und das stellte ich mir so vor, daß ich immer eine Zeitlang in einer bestimmten Umgebung mitleben und arbeiten wollte, z. B. in einer Bauernfamilie oder mit Landstreichern umherziehen, auch in einem Kloster wollte ich sein, und das alles, um die Menschen kennenzulernen, ihre Sehnsüchte und ihre Bemühungen. Mein Leben sollte bunt und regellos sein.

In dem Lazarett, in dem ich damals war, habe ich einer anderen Schwester von diesen Absichten erzählt, und sie sagte, der Gedanke wäre schön, aber praktisch nicht durchzuführen. Aber dann habe ich das zehn Jahre lang gemacht. Ich bin in einer Fabrik gewesen, auf dem Land, habe also alles mögliche gemacht, meistens ein halbes bis ein Jahr lang. Dazwischen gab es auch Zeiten, in denen ich zu Fuß oder mit dem Rad unterwegs gewesen bin. Aber ich habe immer bewußt etwas Neues gesucht: Was interessiert mich jetzt, welche Menschen möchte ich jetzt kennenlernen.

Ein junger Mensch konzentriert sich zunächst mal auf das, was er vor seinen Augen hat. Er muß das Leben ja erst mal lernen. Die Frage war nur, wie man das macht, wie man etwas über die Kräfte erfährt, aus denen das Leben hervorgeht? Dann habe ich mir überlegt – ich bin immer vom Menschen ausgegangen –, daß vielleicht bei Naturvölkern, also bei einfacheren Menschen, die noch näher am Ursprung sind, eher etwas zu erfahren ist. Die zivilisierten Völker sind so gespalten, sie haben sich vom Ursprung weiter entfernt als die Naturvölker. Also habe ich mich entschlossen, dem nachzugehen. Das war kurz nach dem Krieg. Man konnte damals nicht wie heute in jedes Land reisen, das war alles sehr schwierig. Aus diesem Grunde bin ich zuerst zu den Zigeunern gegangen, die hier in Deutschland sind, nicht weil ich die vorziehe, sondern weil ich an die Menschen rankommen konnte. Einen Sommer lang bin ich mit den Zigeunern in Deutschland rumgefahren.

Als nächstes war ich bei den Lappen. Lappland ist kein politischer Begriff, sondern eine Landschaft innerhalb Schwedens, Norwegens, Finnlands – Lappen gehören zu einer Bevölkerungsgruppe, die dort lebt. Das ging immer so vor sich: ich habe eine Karte vor mir gehabt und auf eine Stelle gezeigt in der Mitte und gesagt: Da will ich hin! Das ist für mich ein Schlüsselwort – wenn ich das sage, gehe ich auch dahin. Aber in dem Fall war das irgendwie ein Schlag ins Wasser. Ich bin zwar per Anhalter dahingefahren, habe aber keinen Kontakt zu den Lappen bekommen. Immerhin habe ich gelernt, was ich tun muß, um sie kennenzulernen. Da war ein Lehrer, der an einer Lappenschule unterrichtete, und er hat mir einige Ratschläge gegeben. Ich bin also wieder zurück nach Deutschland, habe mir Lektüre besorgt, habe Schwedisch gelernt, daß ich mich mit denen verständigen konnte und bin dann wieder hingefahren. Schließlich war ich einen Sommer und einen Herbst lang mit Lappen zusammen.

Worauf ich genau hinaus wollte, wußte ich damals selbst noch nicht. Ich war in der Schule nicht bis zum Abitur gekommen, weil ich schon in der Schule etwas anderes wollte als die anderen. Nachdem ich mich nun für diese Völker interessierte, habe ich einen weiteren Schritt gemacht. Ich wollte Völkerkunde studieren, nicht als Beruf, sondern nur, um noch bessere Kenntnisse über diese Völker zu erlangen. Da habe ich das Abitur in Abendkursen nachgemacht, damit ich überhaupt auf die Universität kam. Ich habe drei Semester Völkerkunde studiert, was ich eigentlich nicht befriedigend fand, weil das nur eine Anhäufung von Wissen war, von sachlich interessanten Dingen, aber ich wollte mehr erfahren. Die Menschen waren mir wichtiger. Dazu hat das Studium nicht beigetragen.

Dann bin ich nach Afrika gefahren und wollte dort eigentlich zu den Buschmännern. Das ließ sich aber einfach nicht machen, die Verhältnisse dort sind völlig anders als in Europa. Ich habe dort in einem verlassenen Farmhaus gewohnt und mich mit den Sprachen der Eingeborenen beschäftigt, auch mit der Sprache der Buschmänner. Ich habe sie nicht gelernt, aber mich damit beschäftigt. Die haben einen sehr geringen Wortschatz und haben so Schnalz- und Klicklaute, die sie ihren verschiedenen Worten vorausschicken. Es gibt vier Grundtypen von diesen Lauten, die vier Grundgefühle ausdrücken: Zorn, Freude, Angst, Trauer. Als ich das gelesen habe, war das für mich, als ob ich das Sprechenlernen der Menschen erlebe, die zuerst ihre Gefühle ausdrücken und sie erst später in Worte fassen. Insofern waren die Buschmänner für das, was ich wollte, sehr gut.

Dann hat sich die Sache aber in anderer Richtung weiterentwikkelt. An diesem verlassenen Farmhaus war auch eine Wasserstelle, die außer mir auch noch von wilden Tieren besucht wurde. Da bin ich in eine besondere Situation geraten: Ich habe diese Tiere zunächst sehr aufmerksam beobachtet und dann deutlich den Unterschied empfunden zwischen den Tieren und den allerprimitivsten Menschen. Ich bin darauf gekommen, daß die Tiere alle noch in einer geschlossenen Einheit leben und die Menschen, auch die ursprünglichsten, haben den Schritt herausgetan. Also konnte ich bei Menschen gar nicht weiter nach dem Ursprung forschen. Ich wollte jetzt mehr von den Tieren wissen und bin in ein Wildreservat gegangen, in dem es noch Großwild gibt. Das sind Gebiete, wo nur Tiere leben und kein Mensch mehr siedeln darf. Man durfte da nur mit dem Auto hinfahren und um die Reservate herumfahren. Aber da ich kein Auto hatte, kam ich per Anhalter da hin, stieg aus und ging zu Fuß da rein: Der Leiter des Touristencamps, wo man übernachten konnte, das war ein

Bure, der fiel fast aus allen Wolken, als ich da so allein ankam mit einer Decke unter dem Arm. Ich muß aber sagen, daß diese Menschen mir sehr geholfen haben. Zunächst erschienen ihnen meine Ideen sehr merkwürdig, aber als sie diesen Trieb gespürt haben, sind sie mir auch zu Hilfe gekommen. Dieser Mann hat mich in seine Familie sozusagen aufgenommen. Ich habe im Haushalt geholfen. Und die haben mich immer mit dem Auto in den Wildpark mitgenommen. Solche Hilfen habe ich mehrfach erlebt. Auch Leute, die erst die Hände über den Kopf zusammenschlagen, selbst die kommen einem noch zu Hilfe, wenn sie den Willen spüren. Ich habe eigentlich nie erlebt, daß mir jemand in den Rücken gefallen ist.

Irgendwie imponiert es bestimmt den Leuten, daß da jemand etwas wagt, was ungewöhnlich ist.

Ja, den Buren bestimmt. Denn Burenfrauen würden das nicht machen, die gehen noch nicht mal allein in den Busch. Ich habe schon gesagt, daß ich außer den verschiedenen Berufszeiten auch allein unterwegs gewesen bin – ziellos. Da hatte ich so ein Landstreicherlied mit dem Refrain: Wo der Himmel zur Erde sich neigt, dorthin möchte ich. Ohne zu wissen warum, aber ich wollte den Horizont erreichen. In diesem Wildpark habe ich den Punkt erreicht, wo der Himmel zur Erde sich neigt, aber ich habe erst später verstanden, was ich eigentlich gemeint habe.

Was ich gesucht hatte, war Gott. Dafür bin ich mit einer Zielsicherheit immer weiter gegangen, keiner hat mich hindern können, und es hat auch niemand versucht. Und als ich ihn gefunden hatte, war ich am Ziel meiner Reise angelangt. Danach trat eine lange Zeit großer Ruhe ein. Ich bin dann lange in Afrika geblieben und habe da in der Wüste gelebt, d. h. in einem Ort in der Wüste, habe dort auch gearbeitet, um meinen Lebensunterhalt zu verdienen. Das ging so zwei Jahre in völliger Ruhe, ohne daß ich noch einen starken Antrieb gehabt hätte. Ich hatte zunächst gedacht, das, was ich gesucht hatte, hätte ich erreicht.

Und das wollten Sie auch dadurch finden, daß Sie versuchten, die Menschen zu erkennen bzw. was den Menschen als Möglichkeit gegeben ist, zu machen?

Ich habe mich bei meiner Suche an den Menschen gehalten, weil ich selbst ein Mensch bin, weil die Menschen mir zugänglich sind. Ich hätte aber theoretisch auch woanders suchen können. Man findet Gott immer in irgendeiner

Form. Ich habe das nicht aus einem starken Willen heraus getan, sondern aus einem Impuls.

Was haben Sie nach Ihrer Ruhepause gemacht?

Danach habe ich in der Wüste gelebt. Ich war erst mal erfüllt und gesättigt. Diese Erfüllung habe ich in der Wüste ausgelebt. Außerdem habe ich in dieser Zeit verschiedene Bücher gelesen, unter anderem viele östliche Schriften, die mich aber nicht so angesprochen haben, weil der Osten im allgemeinen die Tendenz hat, das Leben zu verneinen, d. h. sich vom Leben zu lösen und nur dem geistigen Weg zu folgen. Ich bin dann auf eine indische Schrift gestoßen, in der gesagt wird, daß wir das Geistige hier in dieser Welt verwirklichen sollen. Dieser Inder hat vieles gesagt, was ich voll akzeptieren konnte, und deshalb bin ich dahin gefahren. Ich fahre auch jetzt immer noch dahin, diesmal ist es das dreizehnte Mal. In den ersten drei Jahren bin ich zwischen Afrika und Indien hin und her gependelt, ab und zu war ich auch in Europa. Jetzt pendle ich zwischen Europa und Indien hin und her.

Wie haben sich denn Ihre Eltern dazu gestellt?

Meine Mutter war tot, mein Vater wieder verheiratet, meine Stiefmutter hatte kein Interesse an mir. Mein Vater hat sich mir nie in den Weg gestellt, er hat sich höchstens mal Sorgen gemacht, daß mir was passieren könnte. Aber sonst ist unsere Familie sehr tolerant, jeder kann machen, was er will und tut das auch. Und jeder weiß ziemlich sicher, was er will. Insofern hatte ich von der Familie her keine Schwierigkeiten.

Das war schon so, als Sie noch im Elternhaus waren, daß Sie Ihren eigenen Willen so entdecken und entfalten konnten?

Ja, aber bevor ich zum Roten Kreuz kam, war ich im Internat. Ich hatte zum Elternhaus kaum Kontakt, höchstens mal zum Vater. Ich mußte mich nicht vom Elternhaus losreißen, denn ich hatte mich schon vorher gelöst, was natürlich ganz entscheidend war. Aber ich glaube, wenn ich das nicht getan hätte, wäre meine Entscheidung auch nicht anders ausgefallen. Aber ich denke manchmal darüber nach. Ich habe mich früh von Fesseln und Einschränkungen befreit; hinterher hätte ich mich vielleicht erst mühselig da rausarbeiten müssen. Das ist mir allerdings von vornherein abgenommen worden. Deswegen habe ich mir auch nie die Berufsfrage gestellt, sondern immer nur die Frage: Was will ich in der Welt tun.

Einen bürgerlichen Beruf zu erlernen, kam für Sie also nie in Betracht?

Nein, darüber habe ich nie nachgedacht. Man lebt ja nicht nur, um einen Beruf zu erlernen. Ich habe mir eine umfassende Frage gestellt und mir war dann völlig klar, daß ich diesen Weg einschlagen muß.

Wie ist so die Resonanz, die Sie bei anderen Menschen haben, z. B. in Ihrer Firma? Wird das so akzeptiert, wie Sie leben?

Die Leute in dieser Firma wissen nicht, warum ich nach Indien fahre, sie kennen meine Triebfeder nicht. Sie haben sich daran gewöhnt. Manche glauben, ich fahre nach Indien, weil es da warm ist, und ich lasse sie in dem Glauben. Sie kennen mich persönlich eigentlich gar nicht. Ich bin dort eine Angestellte wie sie, zwar mit einem kleinen Unterschied durch meinen ständigen Wechsel in der Firma. Viele beneiden mich um meine Reisen, aber das ist ein ziemlich oberflächlicher Neid. Da sie ja nichts über mich wissen, stellen sie sich meine Reisen so vor, als wenn sie ihre Urlaubsreisen in ein anderes Land machen.

Wenn ich mich von allen verabschiede, hänge ich mir eine Pappe um, da ich nicht immer wieder dasselbe erzählen will. Auf der steht immer etwas anderes geschrieben wie z. B.: Ein halbes Jahr nicht arbeiten (worauf alle neidisch sind). Dann drehe ich die Pappe mal rum: Ein halbes Jahr kein Einkommen (da ist die Begeisterung schon wieder verflogen). Sie sehen nur die positiven, die angenehmen Seiten, aber nicht, daß ich auf viele Dinge verzichte, die sie haben und nicht aufgeben wollen. Das wichtigste ist für sie das sichere Einkommen und ein Auto, was ich alles nicht habe. Das muß ich ihnen immer wieder klarmachen. Trotzdem wissen sie aber immer noch nicht, weshalb ich immer wieder nach Indien gehe.

Wollen Sie diese Lehren aus Indien hier anderen Menschen vermitteln, oder wollen Sie das nur für sich selbst erfahren?

Es liegt mir völlig fern, andere Leute zu beeinflussen oder zu bekehren. Das will ich in keiner Weise. Ich merke aber, daß das manchmal unterschwellig geschieht, allein durch eine Ausstrahlung oder eine gewisse Haltung, aber nie bewußt und absichtlich.

Sind Ihre Freunde ähnlicher Ansicht wie Sie?

Zum Teil. Die in Indien leben, haben natürlich dasselbe Ziel, aber jeder geht einen anderen Weg. Das ist ja gerade eine der positiven Seiten dieser indischen

Gemeinschaften: dort soll jeder seinen eigenen Weg finden, auch seinen eigenen geistigen Weg. Da gibt es keine Vorschrift. Jeder Mensch ist ja völlig verschieden veranlagt und soll sich individuell verwirklichen. Wenn jemand einem Vorschriften macht, heißt das schon, daß er ihn einschränkt und in seinen Möglichkeiten begrenzt.

Und die Leute hier in Deutschland, die Sie kennen? Können die das auch verstehen, wenn Sie sich mit ihnen unterhalten?

Das erzähle ich ganz selten. Es kommt darauf an, mit wem ich es zu tun habe und wie ich gefragt werde. Oft ist das Interesse oberflächlich. Dann verweise ich oft auf die Schriften, was die Leute aber meistens gar nicht lesen wollen, und da sage ich auch nichts mehr. Es gab eine Dame vom Arbeitsamt, die hat mich an diese Fabrik hier vermittelt, die hat zum Beispiel ganz geschickte und interessierte Fragen gestellt, so daß ich gemerkt habe, die interessiert sich für das Wesentliche. Dieser Frau habe ich aber auch gesagt, daß ich sehr ungern darüber spreche. Das ist so, als ob ich die Oberfläche des Meeres beschreibe, aber das Meer hat eine große Tiefe, und darüber kann ich nichts aussagen. Das ist mit euch in diesem Gespräch nicht anders. Deswegen ist das für mich meistens sehr unbefriedigend. Es kommt fast nie vor, daß ich davon erzähle, nur dann, wenn ich merke, daß ein ungeheurer Drang und Wissensdurst dahinter steckt. In Indien ist mir das möglich. Hier ist mir das fast – bis auf ein oder zwei Leute – nicht möglich. Meine Freundin, von der ich gerade erzählte, ist auch in Indien gewesen, deshalb zähle ich sie auch mehr zu den Indien-Freunden.

Es gehört doch sicher eine starke Kraft dazu, mit Leuten zu leben, mit denen man nicht sehr vertraulich sprechen kann?

Ich liebe es eigentlich nicht. Andererseits ist es ungerecht, denn ich bin eigentlich sehr beliebt bei allen, die ich kenne. Insofern wäre es falsch, wenn ich ihnen vorwerfen würde, daß sie nicht alles verstehen. Ich freue mich über die Kameradschaft und das Wohlwollen, das mir entgegengebracht wird, insofern ist ein Verstehen auch möglich.

Aber es gibt immer einen Bereich, den Sie verschließen, weil Sie wissen, daß die anderen nicht eingeweiht sind.

Ja, dieses innere Leben wird draußen im Wald gelebt, in der Natur, nicht in der Firma.

Fühlen Sie sich beengt durch diese Arbeit hier? Haben Sie trotzdem genügend Zeit, in der Natur zu sein? Oder sind Sie hier unzufrieden?

Natürlich habe ich weniger Zeit dazu, aber ich bin nicht unzufrieden. Ich möchte doch sagen, meine Arbeit in der Firma ist kein völliger Leerlauf. Auch die Hingabe an diese Arbeit, sie so gut und intensiv wie möglich zu machen, mein Einsatz dafür wird auch von diesen Kräften gespeist. Insofern ist es nicht völlig sinnlos. Nur mir persönlich liegt die Arbeit nicht so, sie ist aber nun mal sehr günstig für mich.

Kennen Sie in Deutschland auch Menschen, die so wie Sie leben?

Ja, ich kenne Leute, die diesen Schritt gemacht haben. Es gibt sie, und es gibt mehr als man denkt. Ich kenne speziell eine Frau, die aber ganz anders lebt als ich. Sie ist in einem esoterischen Zirkel. Ich befasse mich überhaupt nicht mit solchen Zirkeln, weil ich das nicht brauche, genausowenig wie ich die Kirche brauche, um zu Gott zu kommen. Aber diese Dame geht eben diesen Weg, und der ist auch echt. Das ist für jeden Menschen verschieden. Manche Menschen, besonders junge, brauchen andere, um einen Anstoß zu bekommen. Anstoß für meine Indien-Reisen waren Bücher, die ich darüber gelesen habe.

Ich möchte noch etwas sagen, was für junge Menschen vielleicht nicht uninteressant ist: Ich habe mich mal mit Leuten unterhalten, die vor der Frage standen, welchen Beruf sie nun erlernen sollten, die dann gesagt haben, daß sie keinen Beruf erlernen wollen, sondern es so machen möchten wie ich, in der Welt rumreisen, und wenn sie Geld brauchen, dann mal arbeiten. Sie sahen in mir das Beispiel, wie gut das doch zu machen ist. Aber es ist nicht jedermanns Geschäft, Haus und Hof zu verlassen und sich den wehenden Winden anzuvertrauen (wie ich es selbst getan habe, aber unter ganz anderen Bedingungen und Voraussetzungen) und keine Stätte auf Erden zu haben. Dazu muß man geboren werden. Ihr könnt nicht mein Leben leben, ihr seid nicht ich, ihr könnt euch nur bemühen, euren eigenen Weg zu finden und euch nicht auf Wege drängen zu lassen, die nicht die euren sind. Außerdem ist das nicht ungefährlich. Man muß eine innere Stärke, eine Stabilität haben, die nicht jeder junge Mensch hat, ob Frau oder Mann. Schon aus diesem Grunde würde ich diesen Weg jungen Leuten nicht empfehlen. Man kann das nicht nachmachen, sondern muß seinen eigenen Weg suchen.

Diese jungen Leute, mit denen ich gesprochen habe, haben natürlich auch nur das Abenteuerliche gesehen. Wenn jemand wirklich dazu den Antrieb hat, würde ich ihn auch nicht davon abhalten. Ich bin kein Kirchgänger und auch nicht bibelfest, es gibt da aber ein sehr einfaches Wort in der Bibel: Suchet, so werdet ihr finden, klopfet an, so wird euch aufgetan. Dann muß aber wirklich eine starke Kraft da sein. Aber es sucht eben jeder auf seine Weise. Manchmal ist es doch so, das sehe ich auch gerade in Indien bei den jungen Leuten, daß sie versuchen, einen anderen, der ihnen stärker erscheint, nachzuahmen, und sie machen das auch eine Zeitlang und nicht zu ihrem Schaden. Dann kommen sie aber darauf, daß es nicht ihr Weg ist, sondern sehen ein, daß sie einen ganz anderen Weg gehen müssen. Es ist natürlich nicht ganz leicht, wenn einem der Weg nicht vorgezeichnet ist, was bei mir der Fall war.

Damals im Mädcheninternat haben sich andere darüber Gedanken gemacht, welcher Beruf für mich in Frage käme. Da ich gern mit Tieren und Pflanzen umging, haben sie sich verschiedene Berufe für mich ausgedacht, z. B. in einer Gärtnerei, und haben mich auch zu solchen Stellen hingeschickt, wo eine Ausbildungsmöglichkeit bestand. Ich bin zunächst auch dahin gegangen. Jetzt kommt mir aber eine Sache deutlich in Erinnerung: Es war auf einer Geflügelfarm, wo man ein Diplom für Geflügelzucht machen mußte (so was hätte ich eigentlich auch gern machen wollen, aber nicht mein Leben lang), ich bin zwar in der Absicht dahingegangen, mich vorzustellen, aber als ich mir das von außen angesehen hatte, habe ich eine ganz starke Blockierung in mir gefühlt. Ich bin eigentlich immer einer inneren Führung gefolgt, solche Versuche haben eben bei mir nicht funktioniert.

Haben Sie eigentlich auch mal erwogen, zu heiraten und Kinder zu kriegen?

Nein, nie. Ich will nicht sagen, daß es ein Hindernis gewesen wäre, aber auf meinem Weg lag das einfach nicht drin. Es ist nicht so, daß man nicht auch als verheiratete Frau diesen oder einen ähnlichen Weg gehen könnte, aber in meinen Ablauf paßte das einfach nicht.

Letzten Endes – aber das führt immer leicht zu Mißverständnissen – ist es eine göttliche oder auch geistige Führung im weitesten Sinne.

Bei vielen Berufen ist es doch so, daß sie einem nur ein Gebiet erschließen, aber gleichzeitig viele andere Bereiche und Möglichkeiten ausschließen. Variationsmög-

lichkeiten sind kaum noch gegeben.

Grundsätzlich ist das so. Wir spezialisieren uns immer mehr. Ich würde aber trotzdem nicht sagen, daß man innerhalb eines bestimmten Berufes nicht seinen geistigen Weg gehen kann. Man kann ansetzen, wo immer man will (das ist jetzt eine indische Weisheit und nicht meine), wenn man nur tief genug geht, dann wird man seinen Weg finden. Man muß dafür nicht die ganze Breite nehmen, in der ich mich bewegt habe.

Aber wenn man z. B. einen sozialen Beruf wie Krankenschwester ausübt, dann ist man doch eigentlich mehr für andere Menschen da und muß selbst zurückstecken. Wie soll man sich da dann selbst verwirklichen?

Das ist gar nicht so schwierig. Man kann auch für sich da sein, indem man für andere Menschen da ist.

Es ist aber ein Problem, wenn der Beruf oder die Familie einen ganz in Anspruch nimmt, so daß man sich dafür aufopfert. Man wird leicht in diese Eingleisigkeit gedrängt, das liegt einfach in unserem System.

Es ist aber auch bequem, sich in diese Spur zu begeben. Es erfordert andererseits sehr viel Kraft und eine gewisse Eigenständigkeit, sich dagegen zu wehren. Viele Menschen wollen ja gar nichts anderes, als einfach und bequem zu leben, für die ist es natürlich dann besser, mit der Masse mitzuschwimmen. Das sind die, die ich als geistig tot bezeichne.

Halten Sie es für möglich, daß Sie einen anderen Weg einschlagen, z. B. ganz in Indien bleiben? Daß Sie dort in der Natur leben und nicht mehr nach Deutschland zurückkehren?

Das kann man in Indien nicht, als Frau kann man in Indien nicht wie hier in der Natur leben. In keiner Beziehung kann man dort als Frau so leben wie hier oder überhaupt in Europa. Hier kann ich mich frei bewegen, dort nicht. Das ist der Grund, warum ich nicht in Indien bleibe. Es stört mich aber nicht, weil ich mich dort auf das Geistige konzentriere. Die Impulse, die ich in Indien aufnehme, setze ich hier in Leben um. Das ist für mich keine Spaltung.

Es ist erstaunlich, daß Sie das können. Sind die Leute hier Ihnen gegenüber sehr feindlich eingestellt, weil sie den üblichen Trott nicht mitmachen?

Rein äußerlich wissen die Leute ja nicht viel mehr von mir, als daß ich allein in den Wäldern lebe. Da das hier nicht so üblich ist, sind die Leute verständlicherweise mißtrauisch. Und wenn sie einen dreimal gesehen haben und immer noch nicht wissen, was die Frau macht, rufen sie die Polizei. Ich habe aus diesem Grunde schon so viel mit der Polizei zu tun gehabt, daß meine Bekannten gesagt haben, ich müßte allein schon deshalb mehr Steuern bezahlen, weil ich die Polizei übermäßig beanspruche. Die Polizei muß ja solchen Rufen nachgehen. Die kommen dann, kucken sich meinen Ausweis an, schauen ins Fahndungsbuch, unterhalten sich mit mir und gehen dann wieder weg.

Ich genieße das Wohlwollen der Leute, auch meiner unmittelbaren Umgebung. Ich wohne ja schon jahrelang hier in der Hütte, die kennen mich alle inzwischen. Die sehen mich wohl als so eine Art Waldschrulle an. Die Bauern haben sich daran gewöhnt, daß ich hier lebe.

Wenn man sich dem Gewohnheitsbild nicht anpaßt, ist man sofort ein Außenseiter und gehört nirgendwo mehr dazu. In der Schule ist es z. B. genauso. Man findet nur sehr wenige, die sich nicht anpassen.

Was ich öfter beobachtet habe bei jungen Menschen, daß sie nicht nur oberflächlich leben wollen, daß sie etwas Tieferes suchen, aber die meisten von ihnen stumpfen im Laufe der Zeit genauso ab und werden stupide und gehen ihren Trott. Die Aufgeschlossenheit ist in der Jugend noch am größten.

Sicher, die Eltern wollen für ihre Kinder immer eine gewisse Sicherheit und ich muß auch sagen, daß ein Schulabschluß kein Hindernis für einen persönlichen Weg ist, ganz im Gegenteil.

Hat Ihnen die Schule in irgendeiner Weise geholfen, oder war die Schule für Sie nur ein Nebenher?

Eigentlich weder noch. Ich habe nicht das Abitur gemacht, was für mich weder positiv noch negativ war.

Früher habe ich noch gedacht, daß mir die Schule persönlich etwas bringt, aber heute weiß ich, daß ich ohne Schule für mich eigentlich viel mehr schaffen könnte, ich könnte das machen, was mir mehr liegt.

Aber es wird einem doch in der Schule einiges vermittelt, was den Horizont erweitert und das ganze Wissen . . . das ist auf keinen Fall ein Fehler.

Für mich ist die Schule heute schon zu einseitig, alles ist darauf abgestellt, mal voll in diese Gesellschaft einzusteigen.

Wenn Sie das nicht wollen, wenn Sie nicht in diese Gesellschaft einsteigen wollen, dann brauchen Sie das auch nicht zu tun. Sie können der Schule ja das Positive entnehmen, was auch Ihr Leben und Ihr Wesen bereichert, es ist ja nicht

alles nur toter Stoff. Man sieht das später auch mit anderen Augen.
Es könnte doch sein, daß Sie vielleicht jetzt am Ende ihrer Erkenntnisse sind, daß nichts Neues mehr kommt?
Nein, das kann nicht sein, dazu ist die Antriebskraft viel zu stark. Ich will auf meinem Weg weiterkommen, darin besteht mein Zukunftsplan.
Meinen Weg können Sie mit einem Wanderer im Gebirge vergleichen; der erreicht einen Gipfel und sieht den nächsten, aber auch der ist noch nicht das Ende.

Mein Leben sollte bunt und regellos sein

Elisabeth: Das ist eine gute Einstellung zum Leben, nur ganz regellos geht es ja nicht, außer wenn du dich außerhalb von der Gesellschaft befindest oder dich ganz bewußt dagegenstellst. Solange du aber von dieser Gesellschaft noch irgend etwas willst, und wenn es nur Geld ist für dein Brot, mußt du dich bereits an Regeln anpassen wie zum Beispiel an die Regeln der Arbeitszeit. Du kannst die Regeln auf ein Minimum reduzieren, das geht, aber das bedeutet auch, daß du dich trennst von der Gesellschaft in dem Maße wie du ihre Regeln nicht beachtest. Also auch Freundschaften sind ja Regeln unterworfen, du mußt dich schon ziemlich auf dich selbst beschränken.
Dagmar meint aber auch nicht die totale Regellosigkeit, denn bestimmte Regeln, wie zum Beispiel ihren Gelderwerb und die damit verbundenen Regeln, hält sie ja auch ein. Was sie meint, ist eine möglichst weitgehende Regellosigkeit, die auch in dieser Gesellschaft möglich ist, wenn man sich immer darauf besinnt, was man wirklich braucht und sich unabhängig von dem macht, was einem eingeredet wird. Viel interessanter ist ja die Aussicht, ein *buntes* Leben zu haben. Ein Leben, in dem viel passiert, wo man sich auch von Zufällen leiten läßt und nicht eine schon vorgeschriebene Entwicklung verfolgt, also daß das Leben sich nicht in genau abgesteckten Bahnen und Zwängen abspielt, sondern vielfältig wird und vielleicht auch unruhig und unsicher, aber eben individualistisch. Ich möchte auch nicht zu den Regeln der Gesellschaft, die mich in meinem Handeln oder der Moral einengen, auch noch weitere Regeln aufstellen, die meine Eigenart und mein Wesen einengen.

Der Spielraum, der einem bleibt, sollte auch zur Entfaltung bleiben und für Zufälle und Gelegenheiten offen bleiben.
Mein Leben soll von mir selbst abhängen und von meinen Gestaltungsmöglichkeiten und von meiner Moral oder meinen Prinzipien.

Die Aufgabe, die eine Ehe mit Kindern stellt, schien mir groß und gut, gemessen an dem Beruf, den ich hatte

Barbara Ulrichs, 41 Jahre, Oststeinbek

Seit sechs Jahren wohne ich hier. Da meine vier Kinder hier gut leben können, fühle ich mich in diesem Randgebiet eigentlich auch sehr wohl. Vor ungefähr zehn Jahren habe ich geheiratet. Das war im Sinne meiner Eltern sehr spät. Ich hatte zwar immer für mich eine Heirat einkalkuliert, aber ich wußte, daß ich bestimmt nicht so früh heiraten wollte. Das hatte ich mir genau überlegt. Ich wollte vorher eine Zeitlang ganz unabhängig sein, wollte reisen usw. So Ende zwanzig war für mich der richtige Zeitpunkt.

Mit dreißig zu heiraten, das finde ich auch heute immer noch früh genug. Das würde ich auch meiner Tochter empfehlen. Erstens ist man dann schon in seiner Persönlichkeit ziemlich fertig und der Partner auch, wenn er gleichaltrig ist. Ich glaube, daß dann so eine Auseinanderentwicklung, wie das in vielen jungen Ehen sicher eher der Fall ist, nicht so leicht stattfinden kann. Ich habe ja auch gar nichts versäumt vorher. Alles das, was ich eigentlich machen wollte, habe ich gemacht. Und so bin ich mit meinem Leben sehr zufrieden.

Was haben Sie vorher gemacht?

Ich habe vorher Englisch in England gelernt und war in Frankreich und habe Französisch gelernt und habe dann acht Jahre im Sekretariat einer Hamburger Privatbank gearbeitet, was ich sehr interessant fand.

Tut es Ihnen leid, daß Sie wegen der Familie Ihren Beruf aufgeben mußten?

Als ich das erste Kind erwartete, war ich noch der Meinung, daß ich da etwas aufgeben muß und versäumen werde, aber das Gefühl hat sich bei mir bis heute noch nicht wieder eingestellt. Ich war auch froh, denn das Berufsleben war teilweise sehr anstrengend. Der Tag war immer sehr lang und sehr hektisch, und so hatte ich es zu Hause viel gemütlicher. Das mit dem beruflichen Erfolg hatte ich ja ausprobiert, also im Rahmen meiner Tätigkeit bin ich erfolgreich gewesen, das habe ich bewiesen. Nun wollte ich auch das andere machen.

Ich bin nie auf die Idee gekommen, meinen Beruf weiter auszuüben und nebenbei zwei Kinder zu bekommen. Das kann sicher aber auch mit dem speziellen Beruf zu tun haben, denn das ist nach einer gewissen Zeit unbefriedigend, und ich habe mir das nicht vorstellen mögen, diesen Beruf noch weitere vierzig Jahre auszuüben. Die Arbeit war zwar relativ selbständig, ich habe mir viel selbst einteilen können, aber das konnte nicht der Sinn meines Lebens sein.

Was Schöpferisches habe ich in dem Beruf nicht machen können, und die Aufgabe, die eine Ehe mit Kindern stellt, schien mir groß und gut, gemessen an dem Beruf, den ich hatte, obwohl ich heute zugeben muß, daß, wenn man so viele Kinder hat, die routinemäßigen Handgriffe überhand nehmen und die ganze Produktivität oder Kreativität doch ein bißchen leidet. Das ist auch so ein Punkt, wo die Kinder bei mir sicher zu kurz kommen, aber das könnte ein guter Kindergarten ja leisten. Früher war es sicherlich ein bißchen leichter, Kinder aufwachsen zu lassen, da waren die Großeltern näher, auf den Straßen war es nicht so gefährlich, die Leute wohnten freier und großzügiger, und die Kinder konnten auch draußen viel mehr Kreativität entwickeln. Und noch viel schlimmer ist es in der Stadt. Alle Bekannten, die ich in der Stadt habe, können auch nur zwei Kinder verkraften, weil es in der Stadt noch viel schwerer geht, die Kinder sich in ihrer Kreativität ausleben zu lassen. Was da am einen Ende fehlt, wird am anderen Ende ausgeglichen durch Lernspiele und Spiele, die gar keine sind, hinter denen also nur wieder ein Lernziel steckt, wie das in «Eltern» proklamiert wird. Das ist ein großes Übel und sehr ungesund.

Wenn ich nicht hier in diesem Reihenhaus wohnte, hätte ich auch keine vier Kinder. Und hier

lebe ich gerne, weil es meinen Kindern dabei gut geht und mir auch. Ich kann sie einfach rausschicken und sich selbst überlassen.
Sicher bedaure ich es schon sehr, daß die Stadt so weit weg ist, also ich hätte viel häufiger Lust, mal mit meinem Mann einen Spaziergang abends in der Stadt zu machen, aber er hat keine Lust, die ganze Strecke noch mal zu fahren. Sein Büro ist ja in der Stadt. Die Abstriche muß ich schon machen.
Hatten Sie sich das so auch vorgestellt früher?
Also mein Leben hätte natürlich auch anders verlaufen können, wenn ich einen Mann kennengelernt hätte, der das Leben in der Stadt bevorzugt und nur mit einem Kind oder ganz ohne, das hätte ich auch gemacht, aber ich finde es gut, so wie es ist.
Ich habe auch das Gefühl, daß viele denken, so ein Leben ist eigentlich nichts wert. Aber ich finde es auch feige, wenn man diesen Problemen und der manchmal auch zwiespältigen Haltung einfach aus dem Wege geht. Ich bin aggressiv gegen Leute, die meinen, daß Hausfrau zu sein, keine vollwertige Beschäftigung ist, daß sie das so etwas abwerten und die Erwartung haben, daß man als Hausfrau unglücklich sein muß, weil man da immer die gleichen Handgriffe tut. Und das finde ich eben irreal, weil man in den Berufen, ganz gleich was man tut, auch immer die gleichen Arbeiten erledigt. Also da sehe ich nicht so einen großen Unterschied.
Es gibt doch gar keine Arbeit, die nicht im Laufe der Zeit eintönig wird. Hier habe ich es völlig in der Hand, mir den Tag einzuteilen, und ich leiste mit dieser Arbeit außerdem einen Beitrag für unsere Gesellschaft, daß ich die Kinder habe und erziehe. Wenn ich im Büro sitze und schreibe tolle Briefe, leiste ich im Grunde überhaupt nichts, außer daß die Firma vielleicht einen Gewinn davon hat. So sehe ich das. Ich finde wirklich, daß es eine Aufgabe ist, zu Hause zu sein, und ich dränge mich nicht danach, noch zusätzlich was machen zu müssen, weil es mich außerordentlich anstrengen würde und ich es auch nicht hundertprozentig machen könnte, weil ich die Zeit dafür nicht hätte. Also lasse ich es lieber und mache dieses hier so gut, wie ich kann. Ich sehe es richtig als Pflicht eines Bürgers, Kinder zu haben, um auch für den Fortbestand der Gesellschaft zu sorgen.
Ich bin hier noch politisch tätig in der CDU, was ich aber überwiegend abends mache. Aber zur

Zeit mache ich das auch nur mäßig, da der Tag einfach zu kurz ist. Inzwischen bin ich aus dem Vorstand ausgeschieden. Ich hatte einfach keine Lust mehr, mich mit so vielen rumzuärgern. Die ganzen Fraktionsstreitereien, also da kann ich meine Abende sinnvoller verbringen. Was ich mir damit bewiesen habe, ist, daß ich so auch gut denken kann, daß ich auch unabhängig von meinem Mann Leute kennenlernen und heranziehen kann, mit denen ich was unternehme. Das war der eigentliche Sinn für mich, und ich wollte auch ein bißchen Eindruck machen, daß es nicht heißt, ach, die ist ja nur Hausfrau.

Also ist es so, daß praktisch die Kinder Ihre ganze Zeit ausfüllen, aber auch Ihre Wünsche irgendwie erfüllen?

Es gehört eben für mich dazu. Ich kann natürlich abends nicht sagen, daß ich nun ein tolles Tagwerk vollbracht habe, wenn ich zigmal die Windeln gewechselt, gefüttert und gekocht, getröstet und vorgelesen habe, den Schmutz zusammengekehrt . . . Aber das sind einfach die Konsequenzen, wenn man vier Kinder hat. Das sind aber auch nur ein paar Jahre, dann ist das vorbei. Dann hat man ja auch wieder Zeit für andere Dinge.

Haben Sie das Gefühl, daß Ihr Mann mehr Anregungen bekommt und Ihnen das als Defizit erscheint oder Komplexe macht?

Komplexe nein, aber es ist manchmal schon ein Bedauern da, daß ich denke, er hat viel mehr Anregungen, er kommt mit vielen Leuten zusammen und könnte mir davon auch mal mehr berichten. Andererseits ist das für ihn natürlich völlig selbstverständlich, und er empfindet das nicht so wie ich. Abends hat er keine große Lust, mir zu erzählen, wen er getroffen hat und welche Anregungen er heute gehabt hat. Wir unterhalten uns über ganz grundsätzliche Dinge: über seinen Beruf, über das Schulproblem – weil wir ja hier an der Schule mitarbeiten, er ist Elternsprecher und das geht mich ja auch an, und ich bin hier Kindergarten-Ausschußvorsitzende in der Gemeinde, da gibt es auch hin und wieder Probleme –, ich berichte schon über das, was zu Hause so vorgefallen ist, um so ein bißchen eine einheitliche Linie in der Erziehung zu haben. Ich frage ihn auch, wie er sich in gewissen Dingen (also Erziehungsfragen) verhalten hätte, also darüber unterhalten wir uns schon.

Haben Sie mal erwogen, sich die Arbeit der Kindererziehung zu teilen?

Ja, das macht er ja schon alles.

Mein Mann ist sehr rührend. Ich brauche zum Beispiel etwas mehr Schlaf als er. Er steht jeden Morgen um halb sieben auf und zieht fast alle Kinder fertig an. Er macht das Frühstück, und er geht mir zur Hand, aber das ist doch schon etwas. Die Zeit, die er momentan zur Verfügung hat, nutzt er optimal mit den Kindern.

Was würden Sie davon halten, wenn Sie und Ihr Mann sich die Arbeiten teilen?

In meinem Beruf, den ich ausgeübt habe, wäre das mit halber Arbeit nicht zu machen. Mein Verdienst wäre auch sehr viel geringer als seiner, und ich könnte die Familie nicht davon ernähren. Ich brauche einfach das Geld, das mein Mann verdient. Wenn wir jeder abwechselnd ein paar Tage in der Woche arbeiteten, ginge es uns wesentlich schlechter als jetzt. Außerdem weiß ich nicht, ob mein Mann damit zufrieden wäre, denn er hat ja auch eine lange Ausbildung hinter sich, und er hat sehr viel dafür getan, um sich durchzusetzen.

Also von der Emanzipation halte ich sehr viel, ich bin auch dafür, nur meine ich nicht, daß bei ungleicher Berufsausbildung der Mann dann zu Hause bleiben soll, was ihn an seinem Fortkommen hindert. Das macht ihn dann ja sehr unzufrieden, und das stört auch die Beziehung.

Mir ist das so lieber. Ich fühle mich überhaupt nicht benachteiligt. Mein Wertgefühl ist auch so groß, daß ich mir sage, gut, von seinem Verdienst steht mir die Hälfte zu, für die Arbeit, die ich leiste. Das lasse ich auch durchblicken.

Wenn ich auch Wirtschaftsprüfer wäre, würde ich sicher nicht mit dieser Rollenverteilung zufrieden sein. Dann würde ich das sicher bedauern und vorschlagen, daß wir beide den Beruf ausüben sollten, besonders dann, wenn der Mann selbständig ist, dann wäre das sehr praktikabel. Aber so wäre das für ihn schlecht, seine Mandanten nur drei Tage in der Woche zu betreuen, und für mich wäre es schlecht, drei Tage irgendwo als Sekretärin zu arbeiten. Man würde nie eine gute Stellung bekommen, sondern immer nur den Abfall der anderen, die ganztags arbeiten. Vorteile hätten wir eigentlich davon nicht, außer daß wir uns einschränken müßten.

Und in bezug auf die Kindererziehung? Könnte es nicht Vorteile bringen, wenn man das zu zweit macht?

Ich habe Zweifel, daß das gut läuft, besonders wenn die Kinder etwas größer sind. Die Eltern verhalten sich ja nicht immer gleich, und ich kann mir vorstellen, daß es da sehr viele Differenzen geben könnte, weil die Kinder sehr schnell raushaben, wie sie sich wem gegenüber genau zu verhalten haben, wann sie bei wem etwas durchsetzen. Das wird bei den Kindern sicher richtig zum Kalkül. Ob das nicht vielleicht zu mehr Konflikten führt . . .?

Haben Sie vor, später noch mal wieder ins Berufsleben zu gehen?

Ich habe vor, wieder etwas zu machen. Aber ob ich genau das wieder mache wie vorher, weiß ich heute noch nicht. Jetzt habe ich nur vor, daß ich den Kindern, die ich in die Welt gesetzt habe, ein gutes Elternhaus gebe, daß sie zu lebenstüchtigen Menschen werden.

Wenn Leute sagen, daß man in diese Welt keine Kinder setzen sollte, dann habe ich eher so das Gefühl, daß die alle irgendwie feige sind. Man kann ja egal welche Jahrhunderte nehmen, es gab immer Hindernisse oder Erschwernisse, die gegen Kinder sprachen: Kriege, Hungerzeiten, was weiß ich. Unsere Eltern hatten bestimmt auch Gründe dagegen. Dann hätten wir ja auch nicht geboren werden dürfen, aber ich lebe eigentlich ganz gern. In fünfzig Jahren sagst du dir vielleicht, du hättest doch ruhig Kinder kriegen sollen, denn irgendwie hast du ja auch ganz gut leben können, und alles ist auch ganz gut gelaufen und weitergegangen.

Für mich ganz persönlich war es nicht unbedingt wichtig, Kinder zu bekommen, also ich hätte mich nicht weniger weiblich oder vollwertig gefühlt, wenn es mir nicht gelungen wäre, aber für meine Ehe war es schon wichtig. Das gehörte einfach dazu, und wenn es bei uns nicht geklappt hätte, dann hätten wir wohl welche adoptiert. Ich bin da so hin und her gerissen. Ich finde es wirklich gut, daß sie da sind, aber ich brauche sie nicht. Ich kann meine Kinder auch gut loslassen. Wenn ich mal getrennt bin von ihnen, dann leide ich keine Spur, die anderen hier vergehen fast vor Heimweh. Das finde ich nicht gut, auch nicht für die Kinder. Die haben es dann nur später schwerer, sich vom Elternhaus zu lösen. Außerdem lehnen sich die Kinder dann auch zu leicht richtig auf gegen die Eltern und deren Ansichten. Die Kinder haben im Moment noch etwas mehr Sehnsucht nach uns, wenn wir mal weg sind.

Ich befürchte, daß dieses Bemuttern und Kümmern um die Kinder zu einem absoluten Bruch zwischen Eltern und Kindern führen kann, wenn die Kinder merken, daß sie wie gefesselt sind, auch wenn das so emotionale Fesseln

sind. Ich will den Kindern eigentlich nur helfen beim Wachsen und Entwickeln, ich will sie nicht für mich brauchen und ich brauche sie auch nicht.
Wie soll ich das mal sagen: ich kann wirklich Leute verstehen, die keine Kinder haben wollen, also ich könnte auch ohne Kinder leben.
Bevor Sie Ihr erstes Kind bekamen, hatten Sie sich vorher mal überlegt, wie man überhaupt mit Kindern umgeht, welche Beziehung man zu Kindern hat? Ist das Kind sozusagen ein Partner oder ist es eher Kind unter Erwachsenen, was ja doch ein großer Unterschied ist, oder?
Es ist alles ein bißchen von dem, was Sie sagen. Sie können einen Säugling ja nicht zu ihrem Partner machen, sondern man muß ihn versorgen, was ja mehr ein Mutter–Kind-Verhältnis ist als ein Partnerschaftsverhältnis. Natürlich ist man auch darauf bedacht, ein Kind anzulernen. Ich finde es wichtig, ein Kind möglichst früh zur Selbständigkeit zu erziehen und nicht eine zu enge Mutter–Kind-Bindung aufkommen zu lassen. Ich habe es immer vermieden, daß meine Kinder mir am Rockschurz hängen, auch allein aus Selbsterhaltungstrieb. Das hatte ich mir so vorgenommen, aber das ist auch mein Naturell, so daß ich da gar keinen großen Sprung zu machen hatte. Mir liegt dieses Beglucken sowieso nicht.
Ich habe ein anderes Erziehungsprinzip. Mir geht es nicht darum, die Kinder immer zu behüten und bemuttern. Ich will, daß sie sich mit sich selbst beschäftigen, und sie können auch viele Dinge selbst entscheiden. Ich bin auch nicht überängstlich, sie wachsen hier sehr frei auf, was ihnen sehr gut bekommt.
Haben Sie mal das Bedürfnis verspürt, noch etwas anderes zu machen, z. B. eine Ausbildung anzufangen, um einen befriedigenderen Beruf auszuüben als Sie ihn hatten?
Ich hätte mich bei meinen Eltern mehr durchsetzen sollen, ich hätte überhaupt eine ganz andere Ausbildung haben sollen. Da kriege ich manchmal die Wut, daß ich es früher falsch angefangen habe. Aber im Moment sehe ich gar keine Möglichkeit, weil es einfach über meine physische Kraft geht, wenn ich jetzt noch eine völlig andere Ausbildung machen würde.
Haben Ihre Eltern Ihren Ausbildungsweg mehr bestimmt oder hatten Sie bestimmte Wünsche, die nicht erfüllt wurden?
Meine Eltern bestimmten das ganz autoritär. Ich hatte ganz andere Wünsche. Meine Mutter sah das so, daß ich eben ganz gut aus-

gesehen habe und natürlich auch mit achtzehn heiraten sollte, Kinder kriegen (allerdings fand sie vier Kinder zuviel), ein bißchen Sprachen lernen, mich etwas elegant entwickeln und daß eine gute Allgemeinbildung haben sollte.
Das widerstrebte mir sehr, und daß ich dann so lange berufstätig war, hätten sich meine Eltern nie träumen lassen. Ganz im Gegenteil. Sie fanden mich als Karriereweib ganz abscheulich. Meine Eltern konnten sich auch nie so ein kameradschaftliches Verhältnis zu einem Mann vorstellen. Wenn ich mal einen Mann mit nach Hause brachte, war das natürlich immer ein Heiratskandidat. Der wurde immer nur unter dem Gesichtspunkt des zukünftigen Schwiegersohns betrachtet. Aber da hat sich das Bild der Eltern doch gewandelt, auch das Verhältnis zwischen Mädchen und Jungen. Ich war auf einem Mädchengymnasium. Man guckte zum erstenmal Jungen in der Tanzstunde an, vorher bemerkte man sie halt nicht, man guckte immer scheu zur Seite. Meine Schwester war hier in Hamburg auf einer gemischten Schule, die stand Jungen ganz anders gegenüber als ich.
Was hätten Sie damals gern gemacht?
Ich wäre gern Lehrerin geworden, und ich würde das auch heute noch gern machen, aber das ist ja nun zu spät. Heute bin ich zu alt für ein Studium, die Chancen sind vertan. Dieser Traum ist gestorben, denn bei der Arbeitslosigkeit der Lehrer habe ich heute überhaupt keine Chance mehr. Das hätte ich früher anpacken müssen. Dazu hatte ich eben nie genügend Courage, um das nebenbei zu machen.
Ich habe auch nie versucht, gegen diese Erziehung anzugehen, weil ich dazu nicht den Mut hatte. Das hat dann meine Schwester getan. Ich habe immer unter dem Druck, den meine Mutter ausübte, sehr gelitten, mich aber irgendwie gefügt, weil ich auch diese gespannte und unfreundliche Atmosphäre nicht ertragen konnte. Das war und ist für mich auch heute noch sehr wichtig. Ich brauche eine angenehme Atmosphäre zum Leben.
Und dafür stecken Sie dann auch lieber mal zurück?
Ja, das habe ich bedingt getan. Ich versuchte, das Beste aus meiner Situation zu machen.
Bei meiner Tochter werde ich es anders machen. Ich werde sie unbedingt darin bestärken, erst mal einen guten Beruf zu ergreifen, der ihr Spaß macht und der sie immer finanziell unabhängig macht (auch von einem Mann) und selbständig ist.

Und wie meinen Sie, kann sie das in Einklang mit ihren Kindern bringen, die sie ja vielleicht haben möchte?

Da muß sie sich mit ihrem Mann arrangieren, das kann ich jetzt nicht so sagen. Wenn sie zum Beispiel Lehrerin werden möchte und hat einen Mann, der auch Lehrer ist, da läßt sich ja leicht eine Möglichkeit finden. Ich finde, da müssen auch die Partner beruflich zueinander passen (sie müssen beide einen ähnlichen Beruf haben), damit man solche Möglichkeiten auch realisieren kann. Ich glaube nicht, daß ein Jurist drei Tage in der Woche auf seine Tätigkeit verzichtet, damit seine Frau an die Drehbank kann.

Meinen Sie, daß Ihre Arbeit, die Sie hier zu Hause machen, von Ihrem Mann als gleichwertig angesehen wird?

Er sieht schon, daß ich genauso einen langen Arbeitstag habe wie er, und das achtet er auch.

Bekommen Sie ein Taschen- oder Haushaltsgeld?

Ich bekomme einmal das Haushaltsgeld, das ist eine bestimmte Summe, die aber nicht so fest eingeteilt ist. Wenn ich damit nicht auskomme, ist das kein Problem. Es ist also nicht so, daß ich damit unbedingt auskommen muß. Aber ich bin schon sehr preisbewußt. Dann habe ich ein Privatkonto. Mit dem Geld kann ich machen, was mir gefällt. Wenn ich mir etwas kaufen möchte, was mir sehr gefällt, und unser Konto läßt das eigentlich nicht mehr zu, dann nehme ich auch schon mal mein Geld dafür.

Also mein Mann verwaltet das Geld nicht autoritär. Nur, ich habe momentan nicht so den Überblick, weil es mich nicht so stark interessiert.

Ich denke schon, daß ich ein gleichberechtigtes Verhältnis zu meinem Mann habe, zumindest fühle ich mich nicht benachteiligt.

Aber irgendwie haben Sie doch manchmal das Gefühl, daß er am besseren Strang zieht.

Ja, weil er einen anderen Gesichtskreis hat, das finde ich schon. Deshalb muß ich auch was tun. Wenn ich schon mal meinen freien Nachmittag habe oder mir etwas vorneh me, dann fahre ich auch zu Leuten, die ich seltener sehe, weil die für mich interessanter sind. Dann kann ich mich doch anders unterhalten und höre auch mal andere Probleme. Einmal in der Woche habe ich für meine Kinder einen jungen Mann, so daß ich für den Nachmittag bis zum späteren Abend frei bin und die Zeit für mich nutzen kann. Ich mache Einkäufe oder einen Museumsbesuch, besuche Leute oder widme mich einem Kind mal ganz allein.

Und was machen Sie mit Ihrem Mann gemeinsam? Haben Sie ein Eheleben, auch tagsüber, das auch ohne die Kinder stattfindet?
Tagsüber natürlich wenig. Das können wir ja nicht. Aber im Urlaub können wir das. Im Herbst sind wir drei Wochen allein in Amerika gewesen. Das geht schon, aber es ist problematisch, vier Kinder unterzubringen. Abends lassen wir die Kinder zwar auch öfter allein, das ist auch kein Problem mehr. Aber tagsüber können wir schlecht etwas allein unternehmen. Wir gehen in die Oper, ins Theater, treffen uns mit Freunden . . . Das reicht uns. Mehr können wir auch gar nicht unternehmen, weil wir dann auch zu erschöpft sind. Mehr ist einfach nicht zu verkraften. Ich wüßte auch nichts, was ich jetzt eigentlich besser oder total anders machen könnte.

Sie haben jedenfalls im Moment keine besonderen Probleme und finden Ihr Leben so eigentlich in Ordnung, auch für die nächsten paar Jahre. Dann werden Sie sich noch etwas anderes überlegen, was Sie dann machen.
Ja, ich finde es jetzt so in Ordnung. Ich habe mir diese vier Kinder ja wirklich gewünscht, und für mich ist es völlig klar, daß mein Leben jetzt so verläuft. Ich finde es unsinnig, wenn ich jetzt unbedingt nur für mein Image etwas anderes anfangen muß.
Ich finde, man muß auch was leisten, und ich leiste meinen Beitrag zum Fortbestand der Gesellschaft, indem ich versuche, vier tolerante Menschen heranzuziehen, die auch Verständnis für Schwächere haben, damit es nicht immer so brutal und verständnislos zugeht in der Welt.

Die Aufgabe, die eine Ehe mit Kindern stellt, schien mir groß und gut, gemessen an dem Beruf, den ich hatte

Christine: Das ist ganz richtig für Barbara. Sie hat sich die Frage – ob Beruf oder Kinder – eben gestellt oder stellen lassen, aber das liegt schon weit zurück in ihrer Erziehung. Also daß sie jetzt diese Konsequenz gezogen hat, finde ich auch wieder richtig. Die Frage, wie man sich um die Kinder kümmert, hätte sich wahrscheinlich ganz anders gestellt, wenn sie zum Beispiel Lehrerin geworden wäre. Sie hat eben einen Beruf gewählt, den sie eventuell auch lassen kann. Das war schon vorgegeben. Davor werde ich mich hüten, aber es kann einem natürlich trotzdem passieren, daß der Beruf seinen Sinn verliert durch irgendwelche Veränderungen am Arbeitsplatz oder in einer Zeit, wo es viele Arbeitslose gibt oder eine neue Ausbildung nicht mehr möglich ist. In dem Fall würde ich dann auch mich lieber mehr um die Kinder kümmern und mit ihnen tolle Sachen machen. Jedenfalls wäre es gut, dann zu zweit zu sein und einen zu haben, der das finanziert und das ermöglicht. Aber es ist eben nicht sinnvoll, sein ganzes Leben darauf einzurichten, obwohl ich mir vorstellen kann, das mal eine Zeitlang ausschließlich zu tun, eben wenn mir jemand das Geld gibt dafür. Aber nach einer gewissen Zeit ist die Aufgabe allein nicht mehr sinnvoll, und dann muß ich für mich was tun, deswegen darf ich auch keinen Beruf haben, der mich nicht voll ausfüllt. Die Zeit der Kinderversorgung ist zu kurz. Das sind nur ganz paar Jahre.

Ich mache mir nichts mehr daraus, was andere sagen

Traute Noesselt, 44 Jahre, Hamburg

Ich bin ledig, habe keine Kinder und bin ganztägig berufstätig. Im Augenblick arbeite ich in einer Tagungsstätte als Sachbearbeiterin, aber das ist mehr eine organisatorische Arbeit in Verbindung mit Seminaren und deren Planung. Die Arbeit in den Seminaren konzentriert sich auf die Entwicklungsfrage in der Dritten Welt. Außerdem werden dort Leute ausgebildet, die in ihrem eigenen Beruf nach Übersee gehen als Entwicklungshelfer.

Und organisierst du auch Bazare?

Ja, es wird praktisch die Hintergrundarbeit dafür geleistet: also Leute anleiten, wie man einen solchen Bazar in Gemeinden macht, die Schulung von Leuten, die in der Gemeinde und in der Region arbeiten.

Welche Ausbildung hast du gehabt?

Ich habe etwas ganz anderes gemacht. Ich habe nach dem Abitur ein Jahr in England studiert, weil ich Sprachen machen wollte, was Voraussetzung ist, um hier an die Uni zu gehen. Dann habe ich am Dolmetscherinstitut der Universität Mainz Englisch und Französisch studiert und den Übersetzer gemacht und habe dann anschließend in diesem Beruf gearbeitet.

Von der finanziellen Seite her war ich etwas unglücklich dran, weil ich durch den Krieg sehr früh verwaist bin. Wir sind sechs Geschwister, mein Vater ist gefallen, meine Mutter 1945 gestorben. Wir waren also so eine Brut von sechsen und sind bei meinem Großvater aufgewachsen, der sich gut stand. Es konnten alle das Abitur machen, alle kriegten eine gute Erziehung, aber fürs Studium mußte ich schon selber sorgen.

Da ich wild entschlossen war, Sprachen zu lernen und das nicht nur so auf einer Schule für Auslandskorrespondentinnen zu machen, habe ich gleich nach dem Abitur so ein halbes Jahr, bevor ich nach England ging, Schreibmaschine und Stenografie gelernt und habe so eine Stenotypistinnen-Prüfung gemacht. Da habe ich gedacht, wenn die alten Herrschaften mal sterben, dann muß ich ja sofort irgendwas arbeiten können, dann ist auch nicht mehr das Studium zu realisieren. Und da habe ich mir gedacht, fürs Tippen nehmen die immer Mädchen, das habe ich so in der Hinterhand, und dann seh ich mal weiter. Das waren so meine Gedanken, als ich das Studium anfing.

Nach dem Studium habe ich in Genf gearbeitet. Dann bin ich zurück nach Deutschland und habe verschiedene Jobs gehabt, auch im kulturellen Bereich. In der Kulturredaktion einer Zeitung zum Beispiel und in der Werbung. Dann habe ich in einer großen Werbeagentur in Düsseldorf übersetzt und gedolmetscht. Es gab da viele Möglichkeiten, meine Sprachen anzuwenden und dazu noch etwas von einem anderen Beruf zu lernen.

Das ist jetzt für mich das erste Mal, daß ich nicht Übersetzer oder Dolmetscher bin.

Und verdienst du jetzt hier gut? In der Werbung verdient man doch sicher viel mehr.

Ich verdiene jetzt schlechter. Zuletzt war ich acht Jahre bei einem großen Konzern tätig, habe auch Marketing und Marktforschung übersetzt und Hilfestellungen gegeben in den Sprachen und so, da habe ich wesentlich besser verdient, aber dann kam dieser Bruch, wo man so eine Grenze in der Berufsausbildung erkennt.

Du konntest also nicht weiterkommen beruflich?

Als Frau schon mal sowieso sehr schwer. Selbst wenn ich denen schriftlich gegeben hätte, daß ich nicht heirate und irgendwann mit drei Kindern ankomme . . .

War das das Problem?

Ja, das war's. Ich habe wirklich gesagt, ich schreib's euch hin, ich gebe es euch schriftlich! Als Mann wäre ich weitergekommen, denn andere Kollegen, obwohl sie verheiratet waren und auch Kinder hatten, bekamen Jobs. Also ein Fortkommen war nicht möglich.

Und da merkte ich, was ich bei

Beginn des Studiums nicht wußte, daß man sich ja auch weiterentwickelt, daß man eben durch die Sprachen immer ausführend ist, das Zweitorgan: Der eine hat die Gedanken, und ich übersetze diese richtig. Nun fing ich aber an, selber Gedanken zu haben, weil ich immerhin acht Jahre in der Materie drin war. Ich hätte also meine eigenen Gedanken sogar noch besser ausdrücken können als die der anderen, aber damit kam ich natürlich nicht voran. Und da war dann irgendwo dieser Bruch, daß ich dachte, das konntest du mit zwanzig nicht wissen, was du jetzt mit vierzig Jahren weißt.

Du warst dann auch unzufrieden über das, was du an Berufsausbildung hattest, weil eben Sprachen allein dir nicht genug bedeuteten?

Also mir hat es dann nicht genug gebracht.

Und eine zusätzliche Ausbildung wolltest du nicht noch mal anfangen?

Ich hätte das gern gemacht, aber selber finanzieren, das hätte ich gar nicht gekonnt, weil ich von meinem Einkommen lebte. Ich war dann so bedient, auch psychisch, daß ich mir sagte, jetzt kommst du nicht weiter. Dann war die Rezession, das hieß, daß auch jeder versuchte, mit seinem Englisch und Französisch, um Geld zu sparen, selber irgendwie hinzukommen, also war ich nicht mehr ausgelastet. Und ich mußte Arbeiten machen, wo ich mir sagte, dafür hast du ja nicht studiert. Also das häufte sich dann so, daß ich gekündigt habe, weil ich in jedem Fall immer nur auf den Posten einer hochqualifizierten, interessierten, einsatzfähigen Sekretärin in der Geschäftsleitung gerutscht wäre, und das wollte ich nicht.

Hattest du da durch Zufall angefangen oder wolltest du immer schon in die Werbung?

Die Werbung hat mich schon immer interessiert. Da habe ich auch viel gelernt, zum Beispiel Manipulation: Wo viel Geld reinfließt, da kann auch viel gemacht werden. Am Anfang war das unheimlich interessant, es gab viele witzige Leute. Und es bringt mir Spaß, mit solchen Leuten, die witzige Ideen haben, umzugehen, weil die mich auch inspirieren. Ich schaukele mich dann mit denen hoch und kriege selber viele Anregungen und Ideen, was man tun kann, lesen kann, wohin man gehen kann usw. Das ist besser als mit den völlig Etablierten, die morgens mit ihren kleinen Aktenköfferchen da ankommen – ich finde schon, daß das ein wahnsinniger Vorteil ist.

Ich weiß nun nicht, wie das bei anderen ist, aber ich finde es sowieso gewagt, mit achtzehn Jahren einen Beruf zu wählen und zu sagen, daß ich dabei ein Leben lang bleibe, bis ich pensioniert oder tot bin. Früher habe ich gedacht, daß das so sein müßte, aber alles ändert sich doch. Man wechselt ja auch die Wohnung, den Freund, den Ehepartner, man wechselt das Land oder so vieles im Leben, oft sogar ziemlich bedenkenlos. Das ist sicher auch mit Krisen verbunden, aber immerhin. Aber bei einem Job soll man ewig bleiben, das find ich dann doch nicht richtig. Ich habe dann beschlossen, den Beruf zu wechseln. Daß es mich nun gerade hier zu dieser Kirche verschlagen hat, das hatte vielleicht auch damit zu tun, daß ich in dem alten Beruf nicht voran kam und etwas suchte, wo ich Phantasie, Initiative und Einsatzbereitschaft und so was zeigen konnte; all diese Dinge, die zuletzt bei mir überhaupt nicht mehr gefordert wurden. Das habe ich voll in meine Bewerbung eingebaut und meinte es auch wirklich so. Und gerade bei dieser Bewerbung bei den Kirchenleuten, da war mir der Kragen geplatzt, und ich habe gesagt, daß ich mich wirklich einsetzen möchte, daß es etwas sein muß, wo ich Verantwortung übernehmen muß. Ich war ja bis dahin arbeitslos, war gerade durch Griechenland gewandert und dachte, daß ich mal wieder bodenständig werden muß. Das Geld muß ja auch irgendwie stimmen. Ich habe Glück gehabt, daß es so gekommen ist. Ich bin sehr zufrieden mit dieser Stelle.

Was ich auch noch sehr schön finde, ist, wenn man eine Arbeit hat, bei der man nicht auf Intrigen aufbauen muß, um vorwärtszukommen, sondern mit Menschlichkeit und Verständnis. Da habe ich jetzt natürlich Glück, das es so ist. Da, wo ich vorher war, hätte ich das Messer in der Weste haben müssen. Unter dem Intrigenspiel, was da lief, habe ich sehr gelitten. In manchen Firmen ist das Verhalten der Kollegen untereinander wirklich das Gegenteil von Fairness, Kameradschaft und Menschlichkeit.

Wo soll man das soziale Verhalten lernen, wenn nicht in der Schule, und da wird einem genau das Gegenteil beigebracht.

Wenn man dieses falsche Verhalten in der Schule schon lernt, wird man es auch bedenkenlos später in seiner Karriere geschickt anwenden, und das einfachste Prinzip ist dann, Informationen vorzuenthalten. Ich hätte das ja auch ganz einfach mit meinen Sprachen machen können. Ich hätte denen einfach ein «to have» und «have not» anbieten können und eben keine runden, allesfüllenden Vokabeln. Man kann das wirklich ganz einfach so in die Arbeit einfließen lassen. Das ist ein ganz simples Beispiel für einen ganz komplizierten Mechanismus, den man aber auslösen kann.

Was ich jetzt in diesem Beruf ein bißchen als frustrierend empfinde, obwohl er mir sonst wie maßgeschneidert vorkommt, ist, daß halt vor allem geredet wird, was eben mit der Seminararbeit zwangsläufig verbunden ist. Es wird immer gesagt, wir müssen und sollen . . . müßten Energie sparen und so weiter, und dann ist das Seminar zu Ende, und alle gehen nach Hause. Wenn man sie nach einer Woche wieder trifft, ist alles beim alten. Es ist zu viel Theorie.

Oder wenn jemand ganz großartig plant, seinen Beruf als Agraringenieur oder als Krankenschwester in so einem Entwicklungsland auszuüben, dabei wohnen hier um die Ecke die Griechen und Türken, und da passiert nichts, da wird nichts gemacht. – Da finde ich immer, daß sie eigentlich besser hier auf der Stelle etwas tun müßten.

Sagst du deinen Entwicklungshelfern auch manchmal, daß sie hierbleiben sollen und hier etwas tun sollen?

Also ich spreche besonders gern mit denen, die zurückgekommen sind, um zu erfahren, was sie dazugelernt haben. Denn die wollten ja ursprünglich mal rausgehen, um ein bißchen Abenteuer zu erleben und wollten den Leuten mal zeigen, wie man's so macht: mit der Geburtenregelung, dem richtigen Kochen und der richtigen Ernährung. Die waren mit tausend Dingen in ihrem Geist ausgestattet. Man tut das ja immer gern, so ein bißchen belehren und missionieren. Und dann kommen sie zurück und haben meistens dort viel mehr gelernt, sie erkennen sich selber besser und sind bescheidener, sie kommen demütiger zurück. Die haben wirklich was gelernt und haben einen anderen Blick bekommen.

Hast du eigentlich immer allein gelebt oder auch mal mit einem Mann zusammengelebt? Oder mit Frauen?

Nein, so fest zusammengelebt nie. Nur am Anfang, als ich hier in Hamburg wieder Fuß faßte, da hatten wir hier eine große Wohnung, und da habe ich mit Frauen zusammengelebt. Aber das war nicht so wie man das heute sieht, das war keine Wohngemeinschaft, sondern eher aus der Not geboren – so mehr als Untermiete.

Ich lebe jetzt gern allein, aber das war nicht immer meine Vorstellung. Jetzt habe ich es gelernt, allein zu sein, aber es war sehr schwer viele Jahre. Ich würde jetzt auch mit jemandem zusammenziehen. Aber ich halte es für sehr wichtig, erst das Alleinsein zu lernen. Wir waren sechs Kinder zu Hause. Da war immer was los und viel Lärm, also das war eine enorme Umstellung. Ich bin aber nicht vor mir geflüchtet. Denn es passiert ja leicht, daß man deshalb mit jemanden zusammenzieht. Aber das wäre immer ein furchtbarer Kompromiß für mich gewesen.

Es hat sich allerdings auch nie ergeben, daß ich dem begegnet bin, der es nun sein sollte. Wenn das passiert, dann würde ich eigentlich auch heute noch lieber mit jemandem zusammenleben als allein zu sein. Ich glaube auch, daß ich nie jemanden dominierend einengen würde, weil ich das selbst nicht will, und ich kann deshalb auch den anderen mehr respektieren. Aber es war hart, das Alleinsein zu lernen, das war für mich ein richtiger Klumpen.

Das hängt doch sicher auch viel damit zusammen, wie Leute angesehen werden, die allein leben und daß man von sich selbst eine schlechte Meinung hat, weil Alleinsein einem vorkommt wie Allein-gelassen-werden, was natürlich etwas ganz anderes ist.

Ich kenne auch Ehefrauen, sogar in der Familie, für die es wohl ein Horror ist, aus ihrer – wie ich es sehe – Horrorehe allein hervorzugehen.

Ich glaube, wenn man das Alleinsein wirklich aus dem Innersten heraus gelernt hat, dann strahlt man auch so eine Ruhe aus. Dann hat man nämlich Sicherheit, man ist irgendwie freier und weniger ängstlich. Also ich fühle mich seitdem freier.

Ein anderer Befreiungspunkt war für mich, als ich mir sagte, also mit Kindern ist das jetzt gelaufen. Ich wollte früher unheimlich gern Kinder haben, am liebsten sechs oder einen ganzen Stall voll. Als ich dann so achtundzwanzig war, wurde ich schon etwas nervös, wenn ich wieder jemanden ausgeschlagen hatte. So mit zweiunddreißig erkundigte ich mich schon mal bei meiner Freundin, wie lange man überhaupt Kinder kriegen kann. Dann habe ich mich auch wirklich ernsthaft umgeguckt, wenn sich etwas tat und mir gedacht, der könnte ja vielleicht der Richtige sein. Mit fünfunddreißig Jahren bin ich immer weiter von meinen Vorstellungen abgegangen, ich dachte, gut, dann eben nur noch drei Kinder oder eins. Als dann der Punkt ganz überstanden war, als ich mir gedacht habe, gut, dann läßt du es, da war es für mich auch befreiend. Und wenn man das gelernt hat, kommen auch noch so viele Nebenprodukte wie Gelassenheit und Offenheit. Ich erkenne auch so bestimmte Prinzipien, die mir in diesem Zusammenhang klar geworden sind: Ehrlichkeit, zum Beispiel. Das war alles bei mir mit der inneren Freiheit kombiniert. So kann ich mir auch jede Offenheit erlauben, weil ich ja nichts kaschieren muß. Wenn mich heute jemand fragt, ob ich allein bin, antworte ich, daß ich allein bin. Früher meinte ich immer noch sagen zu müssen, daß ich aber auch einen Freund habe, weil dieser Gedanke mit Kinderkriegen noch da war und daran sehr gebunden war.

Aber ein Prinzip zum Alleinsein ist es eben nicht bei mir. Ich bin sicher, daß es manche bei mir für ein Prinzip halten. Es hat sogar Männer gegeben, die mich für lesbisch gehalten haben, weil ich oft gesagt habe, daß man mit Frauen mehr anfangen kann. Also Männer, die gleich so global urteilen und irgendwas Bösartiges sagen müssen. Aber auch das stört mich heute nicht mehr, das würde ich noch nicht mal mehr geraderücken.

Wenn du heute zehn Jahre jünger wärst, würdest du dich dann eher für ein Kind entschließen können, als du es damals getan hast, auch ohne Mann? Bist du auf die Idee auch mal gekommen?

Ich glaube nicht, ich würde es ungern tun. Ich würde gern für das Kind eine richtige Familie haben, damit es nicht nur einseitig von mir dirigiert würde. Für mich allein wäre es sehr schwierig gewesen, aber noch schwieriger für die Kinder. Wenn ich das von den Kindern losgelöst sehe, würde ich schon sagen, daß ich das meistern würde. Ich würde mir einen Job suchen, wo die mitlaufen. Wie jetzt da draußen. Ob ich da mit zwei kleinen Hunden, einem Kanarienvogel, einer Schildkröte oder mit zwei kleinen Kindern ankomme, das ist doch völlig egal. Das ist auf dem Land, da laufen viele andere Kinder auch rum. So einen Job würde ich mir dann suchen und würde das dann machen, eben auch aus der Befreiung heraus, daß ich dazu den Mann ja nicht brauche. Aber wenn ich an die Kinder denke, die brauchen ihn. Sicher ist es mit Familie immer schöner, aber das Bewußtsein, auch als Frau ein Kind allein zu haben, ist ja erst so in den letzten zehn Jahren entstanden. Ich bin auch der Meinung, daß es als Frau nicht einfach ist, allein ein Kind zu erziehen, weil man auch voll einen Beruf hat und die Gesellschaft einem nicht gerade dabei hilft.

Man könnte mit Frauen zusammenziehen, die auch Kinder haben.
Ich finde sowieso, daß man mit Frauen mehr anfangen kann. Zu mir sagen sie häufig, daß ich eine Emanze bin, wenn ich so rede. Immer wenn ich solche Sachen sage, daß man mit Frauen mehr anfangen kann als mit Männern. Also ich kenne hinreißende Männer und habe auch eigentlich immer einen Freund. Aber wenn es um Einsatzfähigkeit, um Phantasie, um Improvisationsgabe und so weiter geht, zum Beispiel wenn ich einen Krieg gewinnen müßte, dann würde ich sowieso nur Frauen nehmen. Es ist wirklich so, egal, wo ich das beobachte.
Es gibt ja so Männer, die gleich sagen, gib mal her, das kannst du nicht. Ich war dann nicht gleich dominierend, sondern habe mir das wirklich angeschaut, bis mich die Wut gepackt hat. Ehe da ein Brett an der Wand war, waren schon drei Riesenlöcher in der Wand. Dann gab es natürlich Krach.
Inzwischen ist es so, daß ich mir das zwar nicht mehr bieten lasse, aber um Krach und Stunk zu vermeiden, sage ich es ganz lieb oder säusele, daß das mein Hobby ist oder so, nicht etwa, daß ich das viel besser kann als er. Das ist auch so etwas, was den Frauen offenbar auch in die Gene übergegangen ist: das Vertuschen, das irgendwie liebevolle Ausgleichen in der Familie, sie gießen immer Öl auf die Wogen. Sonst wäre doch nur ein ständiger Putz um uns rum, ein Geschreie, ein Getrete. Aber es stimmt, Frauen gleichen aus.
Hörst du den Satz häufiger, daß du eine richtige Emanze bist?
Ja, aber abwertend gemeint. Aber ich habe auch schon gehört, wenn man ein bißchen nett und charmant wird: Du bist ja gar nicht so! Bei Jüngeren ist das anders. Ich kann mit Jüngeren, wenn wir jetzt nur von Männern sprechen, viel besser. Ob das unsere Zivildienstleistenden sind oder . . . ich hatte mal zweieinhalb Jahre lang einen Freund, der war siebzehn Jahre jünger als ich. Die lassen noch mit sich reden und erklären, die hören auch zu.
Dagegen zum Beispiel ein Bekannter, der hat «Emma» und «Courage», die ich seiner Frau schon mal zum Geburstag schenke, versteckt, und hat die Zeitungen zerrissen und ins Klo gespült. Und das würden eben so Siebenundzwanzigjährige nicht machen, selbst wenn sie den Herrschaftsanspruch noch fühlen würden. Woher das kommt, weiß ich nicht. Ich versuche, dem immer wieder nachzugehen, und mir bieten sich die schillerndsten Erklärungen.

Gerade bei Kriegsdienstverweigerern können das ja auch ganz andere Motive sein, weil sie eben nicht mehr diese knallharten Typen sein wollen, die so Männlichkeit und Siegesbewußtsein vor sich hertragen.

Das einzige Kriterium, das ich da bisher sehe, ist der Altersunterschied. Oder ob ich die, so wie ich rede, leichter erreiche, daß die besser wissen, wovon ich rede? Älteren Leuten bin ich dann gleich immer suspekt. Wenn man die scheußlichen Erwachsenen überall sieht und dann die goldigen Kinder und weiß, daß die irgendwann mal genauso sind . . . Eine Bekannte, die nur zwei Jahre älter ist als ich, man stelle sich das mal vor, die sagt heute, wenn ihr Mann sterben würde, würde sie sich im Leben nicht mehr zurechtfinden.

Als Alleinstehende wird man doch heute noch ganz schön schlecht behandelt. Man wird nicht geachtet. Vielleicht wird man nicht mehr so wie früher als spätes Mädchen bezeichnet, aber heute dafür als Emanze beschimpft. Das ist genauso niederschmetternd. Oder man wird als lesbisch hingestellt. Welche Werturteile da mit reinkommen, nur weil man sich nicht in der Norm bewegt! Das sagte mir auch der Freund, der siebzehn Jahre jünger ist als ich: Jede Frau, die ihr Leben selber in die Hand nimmt, wird für leicht verrückt erklärt. Dieses «leicht Verrücktsein» ist immer negativ gemeint.

Der Ausdruck Emanzipation beschäftigt mich eigentlich gar nicht so übermäßig. Er beschäftigt mich nur dann, wenn jemand versucht, mir etwas Negatives damit anzuheften. Dann denke ich darüber nach, warum ich diesen Menschen provoziere. Ob emanzipiert oder nicht, ist mir egal, weil das wieder eine Definition ist für jeden einzelnen. Die sollen mich so sehen wie ich lebe, was ich ausstrahle oder nicht ausstrahle, und dann beurteilen, ob ich eine emanzipierte Frau bin oder nicht. Es interessiert mich eigentlich nicht, worunter ich da falle. Der eine würde mich vielleicht als emanzipiert bezeichnen, der andere würde mich als ganz normale, alleinstehende Frau im Berufsleben sehen, die vielleicht auch irgendwo ein bißchen Glück gehabt hat, weil sie nicht an einen Unterdrükker geraten ist. Wenn ich so manche Ehen sehe, denke ich mir schon, daß ich Glück gehabt habe, denn es könnte mir ja genauso gehen. Nur wenn mir unterstellt wird – das ist mir passiert und hat mich früher verletzt, heute aber nicht mehr –, daß mir nur ein Mann fehlt, der mich so richtig rannimmt, dann fühlte ich mich immer in eine Situation gedrängt, sagen zu müssen, daß aber alles in Ordnung ist. Denn ich saß ja nicht da und wartete auf einen Mann. Ich hatte ja immer einen Freund, also war das kein Thema für mich. Aber es wird einem einfach so eine Rolle aufgedrängt.

Da muß man sich aber ganz bewußt dagegen wehren!

Ja, das läuft auch eine ganze Zeit über den Intellekt, so war es bei mir. Und geschafft hat man es erst, wenn es auch im Gefühl drin ist. Heute stört es mich nicht mehr, was andere von mir denken, sollen sie doch. Seitdem kann ich mir auch ganz andere Dinge leisten, wo es dann immer heißt: Ja, du kannst dir das ja auch leisten!

Emanze ist doch ein Ausdruck, den die Gegner der ganzen Bewegung benutzen. Damit wollen sie Frauen abqualifizieren. Aber das läßt mich wirklich inzwischen kalt. Ich habe mich tatsächlich befreit davon, mich durch andere so leicht verletzen zu lassen, ich bin sicher geworden, und ich mache mir nichts mehr daraus, was andere sagen. Aber das ist auch erst seit vier, fünf Jahren so, vorher habe ich schon darunter gelitten.

Hat dir da die Frauenbewegung geholfen oder bist du selbst dahin gekommen?

Mit der Frauenbewegung hat das nichts zu tun. Ich habe mich nicht mit anderen Frauen zusammengetan, aber ich habe schon viel gelesen, und durch genaues Hinhören und Hinsehen kann einem auch vieles klarwerden. Ich habe mich in den letzten Jahren sehr um meine Arbeit gekümmert, was mir aber auch Spaß gemacht hat und was ich richtig fand. Ich würde mich aber in Zukunft gerne mal mit Frauen zusammentun und ein bißchen Gruppenarbeit machen. Ich habe mich auch bisher nicht so richtig unterdrückt gefühlt, deshalb habe ich diese typischen Frauenprobleme auch nicht.

Mich ärgert am meisten die Diskriminierung, der ich als alleinstehende Frau ausgesetzt bin, also auch die abfälligen Bemerkungen, die Frauen manchmal machen. Mir hat mal ein Typ gesagt, der sah, wie fröhlich ich mit einer Kollegin umging und der selber bei mir nicht landen konnte: Daß du für mich kein Gehör hast, liegt, glaube ich, daran, daß du lesbisch bist. Ich war wirklich verunsichert. Ich hatte zwar einen Freund, und das war auch der Grund, warum ich mich mit ihm nicht einlassen wollte, aber der Typ hat es doch wirklich fertiggebracht, daß ich darüber nachdachte. Aus lauter Pietät, um dessen Gefühle nicht zu verletzen, die er

mir ja nun entgegenbrachte und offen darlegte, habe ich mich gewunden und gesagt, ich will mal darüber nachdenken. Heute würde ich sagen: Also hören Sie mal, ich bin nicht lesbisch, ich habe einen Freund, aber vor allen Dingen möchte ich nicht mit ihnen ins Bett gehen. Sie sind einfach nicht mein Typ. Da hab ich mir doch tatsächlich überlegt, ob ich latent lesbisch bin! Also das kann mich heute noch ärgern!
Das liegt alles an der Erziehung. Wenn man immer ein liebes Mädchen sein soll, dann traut man sich nicht, einen Mann zurückzustoßen!

Ich mache mir nichts mehr daraus, was andere sagen

Elisabeth: Das ist so ein unheimlich langer Prozeß, das zu lernen. Früher als Kind war ich so unsicher, ich habe mich bei jeder Sache, die ich machte, gefragt, ob das wohl auffällt, oder ob das nun was Peinliches ist. Wichtig war nur, wie verhalte ich mich, daß ich hier in der Menge oder auch nur in einer Gruppe nicht auffalle. Wie passe ich mich am besten an. Das war mein größtes Problem, daß ich auch ja schön anpassungsfähig und flexibel bleibe. Und nun merke ich mehr und mehr, daß es mir gleichgültiger wird, was die Leute von mir denken, weil diese Urteile, ob sie nun positiv oder negativ sind, ja nie richtig stimmen. Ich finde jetzt, daß ich auch ruhig mal was Verrücktes machen kann oder mich danebenbenehmen. Im Gegenteil, ich merke richtig, wie mir Leute sympathisch werden, wenn sie mal was machen, was für andere vielleicht unmöglich ist. Also ich habe Verständnis dafür, wenn einem mal was Unangenehmes passiert. Und ich muß mal einen schlechten Eindruck riskieren, sonst kann ich auch niemals «ja» zu irgend etwas sagen, da kann ich gleich andere für mich sprechen lassen.
Also auffallen oder aus der Rolle fallen, wenn das ab und zu vorkommt – da darf ja nun nicht ein System dahinterstecken, dann ist es ja wieder wie eine Rolle –, das tut einem gut, und das ist auch ganz wichtig und menschlich. Dazu kann man dann auch stehen, weil man so ja auch wirklich ist. Außerdem, wenn ich nicht mehr so schadenfroh bin, brauchen sich andere auch nicht mehr vor meiner Schadenfreude zu fürchten. Ich will mich auch nicht mehr so fürchten. Wenn ich zu sehr darauf

achte, wie ich mich verhalte, dann erkenne ich ja schon Verhaltensmuster an, die andere sich für mich ausgedacht haben. Ich will nun auch nicht total danebenliegen, das ist nicht mein Interesse, aber ich will auch nicht vor lauter Angst die ganze Spontaneität einbüßen.

So stark, wie du immer glaubst, bist du ja nicht

Inga Ritzel, 46 Jahre, Reinbek

Ich bin Mutter von zwei Kindern. Anne ist siebzehn und Peter ist vierzehn Jahre. Ich bin verheiratet. Na, und der Dackel ist nicht zu vergessen. Der Hund ist fast ein drittes Kind. Wir leben in einer Wohnung von etwa hundert Quadratmetern, dazu gehört der große Garten. Meine Zeit fülle ich vormittags mit Hausarbeit und Hobbies aus, und nachmittags bin ich sechs Stunden im Verlag als Sachbearbeiterin, das ist ein flotter Zehn-Stunden-Tag.
Ich versuche allerdings, immer für zwei Tage zu kochen, damit ich einen Tag dazwischen habe für meinen Englischunterricht. Ich nehme mit meiner Freundin an einer kleinen Diskussionsrunde teil. Einmal in der Woche habe ich einen festen Tennistermin, einmal in der Woche ist Putztag. Viel Zeit, um mal in die Stadt zu fahren, bleibt da nicht. Einmal in der Woche habe ich noch Chor, das ist der einzige Luxus, den ich mir abends leiste.
Das ist ja ein großer Haushalt. Haben Sie eine Hilfe?
Donnerstags ist Putztag, und da habe ich für vier Stunden eine sehr tüchtige Hilfe.
Hilft Ihr Mann auch mit?
Ja, mein Mann macht auch so den täglichen Kleinkram, genau wie die Kinder. Das haben wir organisiert. Bevor ich in den Beruf ging, habe ich mit ihnen darüber gesprochen, daß sich nun ihr Leben

verändert, das heißt, daß sie auch Pflichten übernehmen müssen, da ich nicht noch nebenher den ganzen Haushalt machen kann. Peter hilft zum Beispiel sehr gern im Garten mit, während Anne lieber in der Küche hilft, sie kocht und backt sehr gern.

Seit wann arbeiten Sie?

Ich arbeite seit fünf Jahren wieder regelmäßig. Ich habe aber auch früher schon gejobbt, um drin zu bleiben, und das Geld konnte ich auch gut brauchen. Heute kann ich darauf nicht mehr verzichten. Sicher, wir könnten ohne mein Gehalt bescheidener leben, aber ich würde nie auf den Beruf verzichten. Ich würde mir jedenfalls immer etwas suchen, was ich zu Hause machen könnte.

Wieso arbeiten Sie gerade nachmittags? Eigentlich richten sich die Hausfrauen die Zeit doch so ein, daß sie nachmittags mit den Kindern zusammen sind.

Ja, das war eigentlich auch meine Vorstellung. Aber ich wollte so gern bei Rowohlt arbeiten, und diese Stelle war nur für nachmittags ausgeschrieben. Anfangs habe ich gedacht, daß sich bestimmt noch mal eine Morgentätigkeit ergibt, was nicht der Fall war. Jetzt habe ich mich daran gewöhnt. Früher war das auch ganz gut, da konnte ich mit den Kindern noch zusammen sein, wenn sie aus der Schule kamen. Heute, nachdem ich meine Arbeitszeit auf sechs Stunden verlängert habe, sehen wir uns meist erst abends. Aber meist frühstücken wir noch zusammen, so daß wir uns morgens doch wenigstens noch sehen.

Wie lange sind Sie verheiratet? Und warum haben Sie sich dazu entschlossen?

Ich bin seit 1957 verheiratet, also seit 22 Jahren. Wir haben damals geheiratet, obwohl wir es zunächst gar nicht wollten, aber wir kriegten so günstig eine Wohnung. Damals mußte man verheiratet sein, um gemeinsam eine Wohnung mieten zu können. Das war eine wunderschöne Wohnung in Wedel, mit Blick auf die Elbe.

Wurden Sie so richtig als Mädchen erzogen, das im Haushalt zu arbeiten hat und einen Ehemann braucht?

Ja, das kann man sagen. Ich bin z. B. mit der Versetzung in die Untertertia von der Schule abgegangen, weil mein Vater frühzeitig Rentner wurde und wir nicht genügend Geld hatten. Meine Schwester und ich brauchten also ganz schnell eine Ausbildung, um Geld zu verdienen. Ich ging dann zur Handelsschule. Wir haben diesen Handelsschulabschluß gemacht, um einen kaufmännischen Beruf zu ergreifen. Ich erinnere mich noch heute gut daran, als ich mein erstes Gehalt von achtzig Mark auf den Tisch legte und das Gefühl hatte, endlich etwas für die Familie getan zu haben.

Haben Sie darunter gelitten, daß Sie keine andere Ausbildung machen konnten?

Ich habe mich damals wohl dabei gefühlt, weil es ja notwendig war. Ich war auch etwas unsicher, weil sich meine Eltern in dieser Beziehung überhaupt nicht einig waren. Meine Mutter wollte unbedingt, daß wir Kinder möglichst das Abitur machten. Damals kam ein Onkel dazwischen, der Lehrer war, und erzählte meinen Eltern, daß das völliger Unsinn sei. Es brauchten erst mal die Männer, die aus der Gefangenschaft kamen, eine Ausbildung. Wir als Mädchen würden höchstens den Männern die Ausbildungsplätze wegnehmen. Wir Mädchen sollten mal auf die Handelsschule gehen. Meine Mutter unterwarf sich dem natürlich. Es gab gar nicht die Möglichkeit, lange darüber zu diskutieren. Aber für mich war das damals nicht so schlimm, weil viele mit mir zusammen aus diesem Grunde von der Schule abgingen. Und auf der Handelsschule lief das alles prima. Später, wenn ich Klassenkameradinnen traf, die gerade das Abitur gemacht hatten, war ich aber doch sehr traurig und eigentlich auch neidisch. Ich habe dann oft gedacht, daß das vielleicht alles so kommen mußte, vielleicht hätte ich das Abitur gar nicht geschafft. So konnte ich zumindest in meinem Beruf Erfolg haben. Ich habe zuerst bei einer Bank gearbeitet und bin dann in die Industrie gegangen und habe dann elf Jahre gearbeitet, bis Anne geboren wurde. Als Anne dann ein viertel Jahr alt war, habe ich wieder drei Tage in der Woche gearbeitet. Ich hatte eine sehr nette Nachbarin gefunden, die ihre Enkelin betreute. Mit der verstand Anne sich so gut, und sie fühlte sich dort wohl, so daß ich kein schlechtes Gefühl dabei hatte, wenn ich im Büro war. Zwischendurch habe ich immer mal wieder gejobbt, so wie ich es mir gerade einrichten konnte.

Aber das waren eigentlich immer Berufe oder Tätigkeiten, die Ihnen nur Geld gebracht haben?

Etwas ganz Neues zu machen, hatte ich einfach nicht den Mut, ich traute mir das auch nicht zu. Gedanken, die ich mir heute über die Berufstätigkeit der Frau mache, sind mir früher einfach nicht gekommen. Ich glaube, ich würde heute noch mal neu anfangen, wenn ich nur für mich allein zu sorgen hätte, aber das müßte dann ein Beruf sein, der mir von der Begabung her liegt. Meine Begabung liegt im Praktischen, ich kann gut handarbeiten. Ich bin zwar nicht genial dabei, aber sorgfältig und fleißig. Ich würde z. B. sehr gern eine Schneiderlehre machen.

Meinen Sie, daß Sie das noch mal machen werden, oder bleibt das eher ein Traum?

Könnte sein. Wenn ich z. B. im Verlag aufhören müßte und fände nichts Gleichwertiges. Ich bin da allerdings sehr gern und will am liebsten auch bis sechzig da bleiben.

Wie sieht Ihre Familie Ihren Wunsch, bis sechzig zu arbeiten?

Wir sprechen oft darüber, und meine Familie findet das gut. Die profitieren davon ja auch, weil ich sehr viel erzähle, was ich so am Tag erlebt habe. Sie möchten auf keinen Fall, daß ich wieder zu Hause bin. Das hat aber auch andere Gründe. Sie sind ja sehr selbständig und frei, denn sie gestalten sich den Tag nach ihren eigenen Wünschen und Vorstellungen. Das hat große Nachteile gehabt, was die Schularbeiten anging. Aber ich glaube, daß diese Klippe jetzt überwunden ist.

Haben Sie Anne und Peter unterschiedlich erzogen?

Ich war schon immer bemüht, das neutral zu halten. Das fing schon mit dem Spielzeug an. Ich guckte sehr genau, was sie gern wollten. Sie hatten auch ein gemeinsames Kinderzimmer, das lief eigentlich prima, wir haben das nie stark getrennt. Aber mein Mann neigt doch noch immer zu der Auffassung, den Jungen dahingehend zu erziehen, daß er stark sein muß, daß ein Junge nicht weint und die Zähne zusammenbeißen muß. Da haben wir ziemlich unterschiedliche Auffassungen. Ich habe ihn später immer darin bestärkt, z. B. zu heulen, wenn ihm danach zu Mute ist.

Haben Sie Ihre Kinder zur Kritikfähigkeit erzogen?

Ich habe mich sehr darum bemüht. Anne hatte da mehr Schwierigkeiten. Wir haben das mit ihr geübt, so daß sie lernte, ihre Meinung zu äußern und durchzusetzen. Während Peter von Anfang an seinen eigenen Willen hatte. Früher konnte man mit ihm prima diskutieren. Heute wird er oft unsachlich und stößt die Erwachsenen total vor den Kopf. Er reagiert in einem derart heftigen Ton . . . Das ist momentan unser großes Problem.

Besprechen Sie so was auch mit Ihrem Mann, bzw. erziehen Sie beide gemeinsam?

Ja, schon, aber wir haben auch viele Probleme miteinander, weil mein Mann eben sehr konservativ, noch viel konservativer als ich, erzogen wurde und der Meinung ist, daß das zum großen Teil auch noch heute gültig ist. Er macht zwar Zugeständnisse, aber trotzdem . . . Wir sind deshalb ständig am Diskutieren. Aber ich finde das gut. Früher war ich allerdings sehr unnachgiebig. Inzwischen bin ich ruhiger geworden und muß selbstverständlich auch Zugeständnisse machen.

Fühlen Sie sich überlastet? Durch die Erziehung und die viele Arbeit . . .?

Manchmal ja. Vordergründig durch Probleme, die mit Familie und Haus zusammenhängen. Ich denke immer, daß ich im Beruf perfekt sein muß, um meinen Job auch behalten zu können. Zu Hause erwarte ich von meiner Familie, daß Sie Verständnis dafür hat, daß ich oft in Zeitnot bin. Wir sind ja eine Gemeinschaft, die Verständnis füreinander aufbringen muß, was man im Beruf ja nicht unbedingt erwarten kann. Ich erwarte, daß sie auch mal von sich aus etwas tun, um mich zu entlasten, aber das kommt eben nicht. Sie tun genau das, worum man sie bittet und erfüllen ihre Pflichten.

Reden Sie auch mit Ihrer Tochter über deren Zukunft und was Sie sich so für ihr Leben vorstellen?

Ich habe den einen Wunsch, daß sie den Beruf erwählen soll, von dem sie glaubt, daß er für sie der richtige ist. Darin unterstütze ich sie. Ich helfe ihr da, wo ich kann.

Sprechen Sie mit ihr auch über ihre private Entwicklung und Zukunft?

Ja, darüber sprechen wir auch, obwohl wir da eigentlich nie Probleme hatten, bis auf eine kurze Zeit. Sie ist ein Gruppenmensch und war damals in einer Jugendgruppe, die überwiegend aus älteren Jungen bestand. Sie war erst fünfzehn oder sechzehn und hatte sich oft Knall auf Fall verliebt in Jungen, die schon über zwanzig waren. Da kam es natürlich oft zu Enttäuschungen, weil die Jungens mehr wollten und sie das nicht wollte oder nicht konnte. Sie hatte aber das Glück, auch mit den Jungen darüber reden zu können, so daß sie nicht das Gefühl des Versagens bekam. Sie ist sowieso von Anfang an mit Jungen zusammengewesen und hatte da nie so große Schwierigkeiten; Probleme hatte sie eher mit Mädchen.

Wie sieht sie sich denn später? Will sie Kinder haben und heiraten, will sie irgendwie so werden wie ihre Mutter?

Das glaube ich nicht. Sie möchte auf jeden Fall mehr Freiheit haben. Das meine ich immer zu spüren. Sie denkt bestimmt, daß ich zu wenig Freiheit habe, dabei habe ich für meine Verhältnisse unheimlich viel Freiheit. Wenn ich mir überlege, wie es anderen Frauen meines Alters geht – gerade durch das Klassentreffen, das ich kürzlich hatte, haben wir sehr viel Erfahrungen austauschen können –, finde ich doch, daß ich da noch sehr gut dran bin.

Können Sie mit den Kindern auch über Ihre ganz persönlichen Probleme, z. B. Eheprobleme, reden?

Mit Anne kann ich darüber sprechen. Solche Probleme kann ich besser mit ihr als mit meinem Mann besprechen. Ich muß dazu sagen, daß Anne allerdings auch sehr viel Training in Gruppengesprächen hat. Sie ist Gruppenleiterin und führt Jugendgruppen, da diskutieren sie sehr viel miteinander. Sie haben Übung darin, anderen auch zuzuhören. Sie redet mir aber nie nach dem Mund, sondern sagt mir auch, was sie nicht gut findet und nimmt auch dann meinen Mann in Schutz. Sie sagt mir z. B., daß ich ihm nicht immer zeigen soll, daß ich mich in allem für viel tüchtiger halte. Das ist für mich dann ein Dämpfer, und ich merke, daß das ja auch wahr ist.

Sind Sie denn so eine starke Frau, oder verlangen Sie das von sich?

Ja, ich stelle an mich so hohe Forderungen, weil ich nun einmal so erzogen bin. Ich habe eine Schwester, die oft krank war und deshalb nie zum Arbeiten eingesetzt wurde. Wir haben früher sehr viel arbeiten müssen, weil wir arme Leute waren und alles, was wir zum Leben brauchten, mußten wir selber ranholen in der schlechten Zeit. Wir hatten einen großen Garten. Dort mußten wir alles selber anpflanzen und ernten. Wir mußten auch nähen und backen. Ich habe das aber gar nicht ungern getan. Das lag wahrscheinlich auch an der Erziehung. Auch heute kann ich das noch. Manches muß einfach sein, und dann muß es gemacht werden. Das ist es auch immer, was ich meinen Kindern sage. Es gibt so viel blöde Arbeit, die ich so ungern tue, die ich aber machen muß, weil kein anderer sie mir abnimmt. Und sie müßten eigentlich auch lernen, mir mal etwas abzunehmen.

Ich hatte neulich ein Angebot, für vier Tage in eine Freizeit für Meditation und Besinnung zu gehen. Da habe ich schon überlegt, ob ich die Familie überhaupt so lange alleinlassen kann. Das habe ich mit Anne besprochen, die mir gesagt hat, daß sie natürlich auch allein zurechtkommen. Da habe ich mich richtig gefreut und das auch als Erfolg davon gesehen, daß ich sie zur Selbständigkeit erzogen habe. Andererseits habe ich mich auch ein kleines bißchen geärgert, daß es so leicht auch ohne mich geht. Aber es war ein unheimlich gutes Gefühl, wegzufahren und zu wissen, daß zu Hause alles gutläuft und daß sie

es gut finden, daß ich diese Freizeit mitmache.
Also irgendwie macht es mir auf der anderen Seite auch wieder viel Mühe, die Kinder und meinen Mann loszulassen. Ich muß mir immer wieder sagen, daß ich besonders die Kinder nicht so an mich ziehen darf.
Kommen Sie sich manchmal verlassen vor und wünschen sich auch mal, daß jemand eine Hand über Sie hält? Oder hat Ihr Mann diese Funktion für Sie?
Nein, das ist eben der ganz wunde Punkt, daß ich dann denke, so stark wie du immer glaubst, bist du ja nicht. Es fehlt mir schon sehr, daß zu mir niemand so fürsorglich ist, wie ich es ja eigentlich immer anderen gegenüber bin.
Das ist vielleicht auch der Grund, weshalb ich mich wieder mehr mit Glaubensfragen befasse. Ich denke, daß ich ja irgendwo meine Kraft herkriegen muß. Wir sind ja keine unglückliche Familie, aber ich habe das Gefühl, daß ich ziemlich ausgesogen werde, und wer gibt mir Kraft? Manchmal finde ich mich aber auch sehr undankbar; eigentlich müßte ich doch zufrieden sein, daß meine Kinder gesund und wohl geraten sind, daß mein Mann freundlich ist usw. Ich muß eben einsehen, daß es in einer Familie Schwächere und Stärkere gibt. Als Kind war ich auch schon immer so beschäftigt. Während ich eine Sache machte, dachte ich schon an die nächste. Mir wurde mal vorgeworfen, ich liefe vor irgend etwas davon, deshalb sei ich immer so beschäftigt.
Kann das sein?
In gewisser Weise schon. Über meine Probleme mit meinem Mann zu sprechen, ist sehr schwer. Die Folge ist wahrscheinlich, daß ich meine Probleme durch meine Beschäftigungen verdränge. Aber es kann auch zur Entspannung beitragen, zum Beispiel, wenn ich donnerstags zum Singen gehe. Ich singe sehr gern. Wenn ich dann nach Hause komme, bin ich ein ganz anderer Mensch. Oder auch die Gartenarbeit. Für mich ist das eine sehr gute Therapie. Wenn ich Ärger habe und kann dann in der Erde wühlen und meinen Gedanken nachhängen, dann fühle ich mich gut. Aber damit sind die Probleme natürlich nicht gelöst.
Ich habe schon öfter Seminare mitgemacht, auch mit den Kindern zusammen und Jugendgruppen und habe daraus gelernt. Wenn ich dann zurückgekommen bin, habe ich mir selbst gesagt, daß ich überhaupt keinen Grund habe, undankbar zu sein. Du kannst nicht alles zusammen haben, eine gute Ehe, die intakte

Familie, einen tollen Job, gute Freunde, Gesundheit.

Müssen Sie sich das sehr oft sagen?

Das überkommt mich manchmal richtig. Wenn ich z. B. hier morgens allein sitze. Ich kann mir den Luxus leisten, wenn die Familie aus dem Haus ist, alleine noch so eine halbe Stunde zu frühstücken. Dann lese ich und mache so ein bißchen Meditation, wie ich mir das jetzt angeeignet habe. Dabei wird mir bewußt, daß doch eigentlich alles sehr schön und in Ordnung ist. Ich versuche überhaupt, mich darin zu trainieren, die Augen offen zu halten, und davon wegzukommen, daß ich immer Erfolg haben und groß und stark sein muß.

Mußten Sie denn immer besonders stark sein, um anerkannt zu werden?

Ja, als Kind mußte ich das. Man hat es einfach von mir erwartet, daß ich die Aufgaben meiner Schwester immer mit übernahm. Ich habe das auch so hingenommen. Ich war immer gesund und die anderen fanden mich in einigen Sachen unheimlich toll.

Sie haben sich also selbst dadurch aufgewertet, daß andere Sie gut fanden. Haben Sie auch mal von sich aus etwas an sich selbst gut gefunden und waren mit sich zufrieden?

Das habe ich eigentlich erst in letzter Zeit gelernt. Wir hatten mal eine echte Familienkrise, als Peter in der Schule richtig versagte, in schlechte Gesellschaft geriet . . . und wir nicht mehr wußten, was wir machen sollten. Wir sind dann in eine Familientherapie gegangen. Als die ein paarmal stattgefunden hatte und Peter es inzwischen wirklich wieder geschafft hatte, was wohl offenbar ein Erfolg des Therapeuten war, meinte meine Familie, daß es nun auch nicht mehr nötig sei, die Therapie fortzusetzen. Ich bin aber dabei geblieben. Ich bin in die Einzeltherapie gegangen, um herauszufinden, warum ich eigentlich so darunter leide, daß mir in der Familie nicht gesagt wird, daß ich gut bin. Im Beruf höre ich das schon oft, was mich froh macht. Ich hatte, bevor ich in die Therapie ging, nie jemanden gehabt, der mir angeboten hat, sich meine Probleme anzuhören und mit mir darüber zu sprechen. Ich mußte immer mit allem selbst fertig werden. Ich mußte richtig lernen, nach und nach Vertrauen zu fassen. Das wollte ich eben auch in der Familie haben. Und daran arbeite ich noch sehr und mache weiterhin diese Therapie. Ich möchte ja rausfinden, warum ich diesen Hang zum Perfektionismus habe, denn ich bin bisher noch nicht dahintergekommen. Ich erkenne auch plötzlich, daß die eigenen Kräfte einfach nicht ausreichen.

Das heißt ja, daß man das, was Sie hier machen in bezug auf Familie und Beruf, als Frau eigentlich gar nicht anstreben kann, weil man die Kraft dazu möglicherweise gar nicht hat.

Ich möchte wirklich mal Frauen kennenlernen, die nicht ewig so einen Berg an Schuldgefühlen mit sich rumschleppen, sondern mit dem, was sie geben können, auch zufrieden sind. Dahin möchte ich kommen. Und das ist an dem viertägigen Seminar so toll gewesen – da wird natürlich alles aus christlicher Sicht betrachtet: die Erkenntnis, daß man wirklich nicht alles aus eigener Kraft machen kann. Und wenn man gläubig sein kann, kann man auch darum beten, daß man sich selber nicht so wichtig nimmt, daß man aufgeschlossen bleibt und sich selbst kritisch betrachtet.

Anne ist da genau wie ich. Sie gibt unheimlich viel und vergißt dabei, an sich selbst zu denken, nicht zuletzt ja auch an die Schule. Die ist für sie nun mal wichtig, wenn sie studieren will, und sie möchte gern Theologie studieren. Sie muß sich jetzt schon mehr und mehr angewöhnen, zu anderen Leuten zu sagen, daß manches zu viel wird, daß sie das nicht mehr schafft. Wir haben lange darüber geredet, und sie hat das z. B. auch in ihrer Gruppe geschafft vorzubringen. Ich kann das auch noch lange nicht.

Wird Ihnen, wenn die Kinder aus dem Haus gehen, etwas fehlen?

Ja, das glaube ich. Aber ich arbeite auch daran, daß dann nicht plötzlich eine Leere entsteht. Das möchte ich erreichen. Ich glaube aber, daß ich dadurch, daß ich schon so «früh» angefangen habe zu arbeiten, eine bessere Position habe. Hätte ich damit erst angefangen, wenn die Kinder aus dem Hause wären, dann hätte ich bestimmt den Mut dazu nicht mehr gehabt. Ich habe auch versucht, ihnen klarzumachen, daß es für sie zwar ein Opfer bedeutet, wenn ich jetzt arbeite, daß ich das aber so machen muß, damit ich dann später zufrieden bin.

So stark wie du immer glaubst, bist du ja nicht

Ulrike: Diese Überschätzung der eigenen Person, das erlebe ich auch in anderer Form bei mir. Mein Vater sagt zum Beispiel immer, daß ich so absolut und konsequent bin. Das bin ich wohl auch im großen und ganzen, aber konkret bei irgendwelchen alltäglichen Dingen passiert es mir immer wieder, daß ich auch ganz inkonsequent bin. Ich merke selber, daß ich eben nicht nur kein vollkommener Mensch bin, ich bin auch gar nicht so zu beurteilen. Das liegt vielleicht daran, daß ich manchmal ganz leicht jemanden niederreden kann, weil ich mir schon lange über irgendwas Gedanken gemacht habe und nun so ein fertiges Resumée habe, mit dem ich dann andere überrede. Das macht dann so einen Eindruck von Überlegenheit und Stärke. Da stehst du dann da, so wie andere dich darstellen. Dabei ist das nur eine Seite von dir, an der du vielleicht auch gearbeitet hast, aber das bist du eben nicht ganz. Also in diesem Fall, bei Inga Ritzel, kommt das auch wieder so raus. Sie sagt zwar, *wie du glaubst*, und meint damit sich selber, aber in Wirklichkeit ist es ja so, daß sie selbst es auch gar nicht glaubt, sondern die anderen. Von selbst würde man doch auch gar nicht auf die Idee kommen, daß man so ein starker Typ ist, das sagen einem immer andere. Es gibt eben so Wertnormen, an denen du dich messen lassen mußt, und wenn du in irgendeiner Weise zufällig mal die Erwartungen an Stärke erfüllt hast oder Durchsetzung oder Durchhaltevermögen, dann giltst du als stark und fühlst dich immer genötigt, dieser Beurteilung standzuhalten, auch wenn du selber weißt, daß du das gar nicht in allen Fällen durchhalten kannst. Dann kommt es eben mal zum Zusammenbruch, wenn du merkst, daß du nur in bestimmten Bereichen stark bist. Wenn man sich in dieses Bild hineinpressen läßt, das die anderen sich zurechtlegen, dann entsteht immer ein Konflikt, weil man ja keine Maschine ist, die diese und jene bestimmten Fähigkeiten hat, sondern ein Mensch, der auch seine Frustrationen und Verletzlichkeiten hat. Wenn man sich nicht eingesteht, daß man auch Schwächen hat und immer das Bild vom starken Mann aufrechterhält, macht man sich kaputt.
Christine: Ich habe das auch so zu spüren bekommen, als meine Mutter starb. Da sagten alle, du bist so stark, du schaffst das schon. Da habe ich dann alles versucht, den Haushalt in den Griff zu kriegen, dabei bin

ich in meinen eigenen Problemen fast erstickt. Meinem Bruder hat man nicht auf diese Weise Mut gemacht. Irgendwie war ich diejenige, die die größte Last zu tragen hatte. Ich fühlte mich da ganz schön mies. In der Gruppe geht das dann weiter. Weil ich nun zwangsläufig durch die Übung im Haushalt ganz gut was organisieren kann, habe ich das da dann auch mal gemacht. Schon wurde ich von allen gelobt, wie toll ich das kann. Aber ich wehre mich jetzt dagegen, denn ich weiß genau, daß ich nicht alles gut organisieren kann und ich will ja auch nicht nur organisieren. So ein Lob ist ja manchmal direkt nur ein Vorwand, um nicht selber ranzumüssen.

Es ist auf der anderen Seite auch so ein Genuß oder ein Hochgefühl, wenn man einen Erfolg gehabt hat, und man hört sich ganz gern an, wenn jemand sagt, du bist so stark, aber das kann man eigentlich nicht durchgehen lassen, weil da ja ganz viele Seiten von dir nicht beachtet werden, und du nicht sein kannst wie du bist. Man kommt aus solchen Vorurteilen oder Gesamturteilen nur ganz schlecht wieder raus. Genauso, wenn du von einem sagst, er sei ein Spießer oder er sei ausgeflippt oder schlampig. Das ist sehr übel, wenn man Menschen immer insgesamt beurteilt, auch wenn es sich so anhört, als sei es ein Lob. Manchmal kann man ganz leicht die Faulheit der anderen an so einem Lob erkennen. Man soll wohl stark sein und sich bemühen und auch daran glauben, daß man stark ist, aber ich werde mich hüten, das zu glauben, was andere von mir halten, weil das nie der ganze Mensch ist, den sie beurteilen.

Wir müssen endlich unser permanentes Aufgehen in anderen Menschen aufgeben

Margot Schroeder, 42 Jahre, Hamburg

Es wurden mal 2439 Schülerinnen und Schüler zwischen sechs und sechzehn Jahren im Auftrag von «Eltern» zu folgendem Thema befragt: Wer muß mehr bei den Hausarbeiten helfen – Jungen oder Mädchen? Die Antworten waren deprimierend: nichts hat sich geändert, die Mädchen sind die Mägde geblieben. Ein Junge sagte: Die Frauen waren im Haushalt schon immer tüchtiger und stärker als die Männer. Im Altertum sind die Männer auf die Jagd gegangen. Heute gibt es schon Frauen, die auf die Jagd gehen, und Männer, die kochen lernen.

Mein elfjähriger Sohn ist jetzt das einzige männliche Wesen in unserem Haushalt, und da fühlt er sich benachteiligt. Als ich in der letzten Phase meiner Ehe anfing, so was wie einen Arbeitsplan zu machen, fragte er immer: und ich? Ich habe aber zu wenig zu tun.

Sind Sie geschieden? Wie leben Sie?

Ich lebe seit 1976 von meinem Mann getrennt. Jetzt bin ich 42 Jahre alt und lebe mit meinen beiden Kindern in Hamburg. Auch meine «Emanzipation» heißt Doppelbelastung. Als Hausarbeiterin, Mutter und Schriftstellerin arbeite ich zwölf bis vierzehn Stunden am Tag. Ich komme auf einen Stundenlohn von DM 3,50, da Hausarbeit gar nicht bezahlt wird und es für die Schrifstellerei Hungerhonorare gibt.

Geschieden bin ich noch nicht. Mein Mann und ich, wir haben uns hauptsächlich geistig auseinander entwickelt. Wir konnten uns nicht mehr verstehen. Das hängt zum Teil damit zusammen, daß ich mehr nach außen gegangen bin. Ich bin ein sehr geselliger Mensch, während er ein sehr häuslicher Mensch ist. Er sagt von sich, er sei ein Mönch und müßte in einer Zelle leben. Er hat derart viele Hobbies, das ist bei ihm schon fast krankhaft geworden. Es geht so weit, daß er wochenlang Pflanzen sammelt, im Urlaub zum Beispiel, und daß er die dann abends fünf oder sechs Stunden lang bügelt. Jeden Abend. Anstatt sich einen schönen Sonnenuntergang anzusehen oder spazierenzugehen, bügelt er Pflanzen. Im Grunde genommen möchte er wohl lieber allein leben, obwohl er jetzt auch nicht allein lebt. Aber er ist ein Einzelgänger. Er mag überhaupt keine Geselligkeit. Ich bin dann auch extrem viel aus dem Haus gegangen, zu Diskussionen und so. Man konnte mit ihm praktisch überhaupt nicht mehr reden.

Aber Sie haben sich nicht getrennt, weil Sie sich unterdrückt fühlten?

Nein, das war in unserer Ehe von Anfang an anders. Ich habe mir noch nie irgendwas gefallen lassen. Außerdem ist er nicht so ein Mensch. Ich habe wenige Männer getroffen, die so tolerant sind wie er. Ich habe immer getan, was ich wollte. Ich habe ihn auch nie gefragt. Ich bin immer gegangen, wann ich wollte und nach Hause gekommen, wann ich wollte. Er hat auch nie etwas dagegen gehabt. Also daran sind wir nicht gescheitert. Aber so die ganz kleinen alltäglichen Dinge.

Dann haben Sie ja verhältnismäßig spät mit der Schriftstellerei angefangen, bzw. damit sich selbständig zu machen.

Ja. Damit habe ich ziemlich spät angefangen. 1972 habe ich die ersten Sachen veröffentlicht. Ich habe schon immer gern geschrieben. Schon als Kind. Da habe ich für jeden Elternabend oder für Schulentlassungen Sketche geschrieben, auch für Klassenfeste. Ich war eigentlich nie sehr beliebt in der Klasse, weil ich zu klein geraten bin, und außerdem hatte ich sehr viel mit meiner Pubertät und Vorpubertät zu tun und hielt mich auch für etwas Besonderes, weil ich schrieb.

Ich habe immer gedacht, du bist ein Genie, du bist eben anders als die anderen. Trotzdem brauchte ich aber die anderen für mich. Jedesmal, wenn wir in der Schule Aufsätze schrieben, durfte ich meine vorlesen, und dann war ich für ein paar Tage beliebter. Das hat mir sehr gut gefallen und das hat mich auch angespornt und mich bestärkt, damit später an die Öffentlichkeit zu gehen. Als ich aus der Schule kam, habe ich eigentlich nur noch so für mich geschrieben, weil ich keine Veröffentlichungsmöglichkeit sah und auch erst üben mußte. Ich war selbstkritisch genug zu wissen, das wird wohl nicht reichen. Ich wollte aber schon immer Schriftstellerin werden.

Seinerzeit war das Abschlußprüfungsthema auf der Realschule: Was willst du werden? Da habe ich genau aufgeführt, daß ich Schriftstellerin werden möchte, aber keine Möglichkeit des Studiums sähe. Ich hatte noch einen Bruder, und meine Mutter hat gleich am Anfang gesagt, daß das Abitur für mich nicht in Frage käme. Ich mußte auf die Realschule, weil sie später ein Studium nicht hätte finanzieren können – mein Vater ist im Krieg gefallen. Und da habe ich überlegt, daß es am besten wäre, ich würde Buchhändlerin. Da hast du so ein Halbwissen, verstehst ein bißchen mehr von Literatur . . . So eine Buchhändlerlehre umfaßt dreizehn Fächer, wir haben z. B. auch Philosophie gehabt.

Ich hatte es sehr schwer, mich bei meiner Mutter durchzusetzen, denn väterlicherseits sind alle Beamte geworden. Sie meinte, daß die Pension doch viel sicherer sei, Buchhändlerinnen verdienten ja gar nichts. Ich habe jedenfalls gesagt, daß ich nichts anderes werden wollte. Aber ich habe den Beruf wirklich nur benutzt, um Schriftstellerin zu werden.

Dann habe ich geheiratet, aber nicht ganz freiwillig. Ich mußte heiraten. Ich würde es heute nicht mehr tun, wenn ein Kind unterwegs ist. Aber damals sah das noch etwas anders aus, 1961. Und dann die Eltern von beiden Seiten, die zum Heiraten gedrängt haben. Im dritten Monat der Schwangerschaft habe ich ihm noch gesagt, daß ich ihn nicht heirate, daß ich keine Frau zum Heiraten bin, was sich im Grunde ja auch bewahrheitet hat. Weil dieses Kind da war, habe ich dann drei, vier Jahre lang wirklich nur ganz wenig geschrieben. Danach fing ich wieder an, konzentrierter zu schreiben, d. h. ich habe schreiben geübt. Ich habe z. B. versucht, einen Blumentopf auf einem Fensterbrett zu beschreiben, mindestens dreißigmal, immer eine Seite: Wie ist er beschaffen, wie steht er da? Wie sieht das in der Scheibe aus? Wie dreckig ist die Scheibe? Wie sieht die Farbe aus? Das habe ich wirklich jahrelang geübt – bis ich dann meinen Sprachstil gefunden habe.

Dann hat mein Mann sich selbständig gemacht. Er ist Architekt von Beruf. Ich hatte sehr viel damit zu tun, ihm bei der Büroarbeit zu helfen. Das habe ich ungefähr ein halbes Jahr gemacht. Dann habe ich ihm gesagt: Ich bin doch nicht doof und mache deine Arbeit, das mußt du schon selber verantworten und auch verkraften. Ich entdeckte bei mir, daß ich nicht eifersüchtig, sondern neidisch war, daß er jeden Abend etwas vorhatte. Ich saß immer drinnen, wo ich doch ausgerechnet so ein geselliger Mensch bin. Da habe ich gedacht, du mußt dich irgendeiner Gruppe anschließen. Ich habe mal den Peter Schütt kennengelernt, dem ich dann schrieb, und der verwies mich an den Werkkreis Literatur der Arbeitswelt. Ich habe praktisch fünf Jahre im Werkkreis gearbeitet, abends, alle vierzehn Tage oder auch jede Woche. Dann störte mich etwas das politische Übergewicht. Ich hatte eine andere Auffassung vom Schreiben, überhaupt davon, wie man das Politische umsetzen kann, denn es heißt ja Literatur der Arbeitswelt und nicht Politik der Arbeitswelt.

Können Sie denn heute das, was so in Ihrem Inneren ist, in Ihren Büchern ausdrücken?

Ja, ich hoffe es. Ich selbst kann das gar nicht so beurteilen, weil ich das ja nur immer subjektiv sehen kann. Ich hoffe es aber und glaube es auch, weil mich jeder Roman kaputtmacht. Ich investiere so viel von mir. Bei meinem letzten Buch habe ich mich in einen männlichen Jugendlichen hineinversetzt (Das kannst du laut sagen, Hannes. rotfuchs Bd. 201). Da habe ich gedacht, das schaffst du nicht mehr. Mittendrin bin ich zusammengebrochen, habe geheult und konnte nicht mehr schlafen, habe gedacht, ich könnte überhaupt nicht mehr schreiben. So geht es mir aber eigentlich bei jedem Buch.

Jetzt schreibe ich etwas völlig anderes, einen Montageroman, der irgendwie auf eine ganz andere Art literarisch ist. Das hat mit Umgangssprache nichts zu tun, sondern ist eher lyrisch. Ich muß mir immer wieder etwas ganz Neues vornehmen, weil ich sonst Angst habe, Scheuklappen zu kriegen und von dem Literaturbetrieb in eine Richtung gedrängt zu werden, in die ich nicht will. Vor allem kommt es darauf an, wie meine eigene Situation momentan beschaffen ist. Ich glaube, es gibt keinen Schriftsteller, der aus dem hohlen Bauch etwas schreibt, nur weil er an einem Thema interessiert und engagiert ist.

Sie haben ja meine Tochter gesehen, die eben siebzehn Jahre ist, ich muß mich mit ihr andauernd auseinandersetzen. Sie macht demnächst das Abitur und weiß immer noch nicht, was sie werden will. Sie hat Angst, weiß nicht, ob sie studieren soll, ob das reicht, der Notendurchschnitt usw. Also, man braucht zum Schreiben auch das sinnliche Umfeld: die Freunde meiner Kinder oder die Kneipen . . . Mein erster Roman ist auch so entstanden. Da kannte ich die Frauen, weil ich auch in einer Trabantenstadt wohnte.

Zur Zeit mache ich eine ganz neue Phase durch. Ich habe alle Gruppenarbeit abgebrochen, bin ganz in mir selbst und kann auch nur einen Roman schreiben, der ganz von innen herauskommt, der gar keine Handlung hat, sondern die Handlung ist praktisch die Spannung in mir selbst. Deshalb will ich und kann mich auch da nicht festlegen lassen.

So daß Sie also nicht nur ein Buch für den Leser schreiben, sondern auch für sich selbst? Um sich selbst über Dinge klarzuwerden?

Ja, ich kann sowieso, auch wenn ich schreibe, alles nur dialektisch sehen. Es gibt ja nur These und Antithese. Wenn ich das nur immer in bezug auf meine Leser sehen würde, hätten wir das, was man mit dem entsetzlichen Wort Zielgruppe bezeichnet. Wenn schon, dann Zielmenschen, aber keine Zielgruppen. Natürlich wollte ich mit meinem ersten Roman (Ich stehe meine Frau. Fischer 1975) auch Hausarbeiterinnen ansprechen, aber auch die anderen Frauen. Vor allem aber schreibe ich für mich selbst. Andere gehen zum Psychiater, ich will selbst herauskriegen, was mit mir los ist.

Würden Sie denn auch so schreiben können, wenn Sie jetzt noch verheiratet wären?

Ja, denn 1975 lebten wir ja noch zusammen, und meinen ersten Roman begann ich schon 1973. Da hat mich mein Mann eigentlich immer konsequent unterstützt und mir gesagt, daß ich begabt sei und das weitermachen solle. Er war auch immer mein Opfer. Sobald ich mein Manuskript fertig hatte, habe ich es ihm vorgelesen, egal was er gerade machte. Damals war ich schon sehr egoistisch oder beleidigt, wenn sich jemand meine frischen Werke nicht anhören mochte. Am nächsten Tag habe ich mich allerdings geschämt, weil ich dann oft schon wieder die Hälfte gestrichen hatte.

Ich brauche vor allem die Distanz zu meinem Werk, deshalb spreche ich besonders schwierige Texte – wie Lyrik – aufs Tonband und höre sie mir an. Wenn ich mir das dann anhöre, finde ich den Text oft schon überhaupt nicht mehr so

gut, und mein Selbstbewußtsein schwindet dahin.
Bei öffentlichen Lesungen zum Beispiel weiß man ja nach einer Weile, das muß ich gestehen, ganz genau, welche Stellen beim Publikum gut ankommen, und dann lese ich auch immer nur dieselben Stellen, und das ist ganz schön schlimm für mich. Für andere vielleicht nicht, die merken das nicht so, denn für die ist das ja etwas Neues. Ich merke dann auch meine Fehler ganz extrem und korrigiere oft in das fertige Buch hinein und lese das einfach anders vor.

Also ist das nur eine Wiederholung und nicht mehr der Gedanke, den sie beim Schreiben hatten?

Nein, dann ist das abgeschlossen. Dann wächst schon etwas Neues in mir, dann habe ich neue Ideen. Ich habe ja das Jahr über gelebt und mich wieder verändert. Ich habe im Grunde schon etwas anderes gelebt als ich geschrieben habe. Das geht dann schon immer parallel in meinem Kopf herum, und deshalb mag ich nicht so gern ganz fertige Bücher.

Und Ihre Kinder? Wie finden die das so? Haben die das mit der Arbeitsteilung kapiert oder sind die von Ihnen am Anfang auch versaut worden, so mit: ihr bekommt euer Schulbrot mit, ich mach das schon alles, laßt nur, es geht schon . . .?

Ja genauso war es. Ich gehörte natürlich auch zu den berühmten Meckerziegen aus dem Haushalt. Ich habe nie meine Wut artikuliert und vor allem nie danach gehandelt. Erst seit ich in der Frauenbewegung bin, sage ich ihnen, wenn ihr das und das nicht macht, habt ihr selbst schuld, ich mache es auch nicht mehr. Das ist gut vier Jahre her. Da habe ich auch meinen Arbeitsplan gemacht. Mein Mann war für das Abendbrot zuständig, weil ich ja abends immer häufiger weg mußte. Ich habe ihm gesagt, wenn ich weggehen muß, bist du für die Kinder zuständig. Ich war selbst verwundert über mich, aber wenn ein Selbstbewußtsein dahintersteckt, geht das auch irgendwie.

Und das ging von heute auf morgen?

Nein, das nicht so. Wenn ich nach Hause kam, standen meistens die dreckigen Teller rum. Dann habe ich gesagt, daß auch das Abräumen und all die Kleinigkeiten dazugehören. Das ging dann auch. Meine Kinder waren erst, was mein Schreiben anging, gar nicht dafür. Wenn ich arbeiten gegangen wäre, das wäre etwas anderes gewesen, die Mutter ist aus dem Haus und verdient Geld. Aber wenn sie zu Hause sitzt und arbeitet, ist das im Grunde mehr wie ein Hobby. Sie haben das erst akzeptiert, als ich mich von meinem Mann getrennt habe und als sie dann gesehen haben, daß ich tatsächlich mit dem Schreiben Geld verdiene. Früher haben sie mir das nie geglaubt; na, das bißchen Taschengeld nebenbei . . . Jetzt ist es aber doch schon so, daß sie damit angeben und stolz darauf sind.

Haben die Kinder Nach- oder Vorteile, weil Sie schreiben? Werden sie manchmal anders behandelt als andere Kinder?

Sie werden bestimmt anders behandelt. Ich glaube, sie haben dadurch Nach- und Vorteile. Ich kann das nicht so beurteilen, weil ich es nur subjektiv sehen kann.

Meine Mutter meint, sie hätten sehr viele Nachteile, weil ich sie vernachlässigen würde. Das ist so der alte Mutterglaube, und damit verstärkt sie mein schlechtes Gewissen. Zum Beispiel denke ich dann, du wolltest ihm doch heute aus dem Buch etwas vorlesen, woran wir schon fast ein Jahr lesen – es ist zwar immerhin ein dikkes Buch, aber vom Schreiben bin ich manchmal so müde, daß ich dann erst mal schlafen muß. Oder ich mach kein Abendbrot für die Kinder, weil ich weg muß. Daß ich das oft nicht schaffe, dürfte mir eigentlich kein schlechtes Gewissen mehr machen. Aber das hatte ich auch schon, bevor ich schrieb.

Ich glaube, man muß immer sehr ehrlich zu sich sein. Ich mag z. B. all diese Brettspiele nicht, weil ich mich darüber so ärgere und es mich langweilt. Zum Beispiel «Mensch ärgere dich nicht» kann ich nicht spielen, weil ich da auch immer rausfliege, und es dadurch immer noch länger dauert. Dann werde ich richtig mopsig. Die beschweren sich dann zwar, daß ich nicht mit ihnen spiele, aber ich kann das nicht, da bin ich viel zu egoistisch. Im Urlaub mache ich es manchmal, da hab ich auch mehr Spaß dran.

Aber ich habe mit meinen Kindern immer sehr viel geredet, und sie können mit allem zu mir kommen. Dann laß ich mir auch Zeit, selbst wenn ich meine Manuskripte zur Seite packen muß. Dieses Plus meiner Erziehung wirkt sich auch aus, denn meine Kinder reden sehr viel, sehr offen und haben auch Vertrauen zu mir. Ich habe meine Kinder so erzogen: Ihr habt euer Leben und ich hab meins. Wenn Besuch da ist, störe ich sie nicht und sie mich auch nicht. Das müssen die Kinder lernen, finde ich.

Wenn die Kinder die ersten Freunde mit nach Hause bringen, heißt es oft: Ach, du mußt dir nichts draus machen, meine Mut-

ter ist ein bißchen dumm geblieben, sie gehört zu den Alten! Das ist denen dann richtig peinlich. Das liegt meines Erachtens mit daran, daß die Mütter es nicht verstanden haben, egoistisch zu leben.
Hier ist es häufig umgekehrt. Meine Tochter hat Freunde, die oft meinetwegen kommen. Ich diskutiere dann mit denen und duze mich auch mit den Leuten. Das ist eben die positive Seite meiner Art von Erziehung. Meine Mutter hat inzwischen aber auch eingesehen, daß ich arbeiten muß und das Ganze teilweise stressig ist. Sie hat inzwischen auch einige Lesungen mitbekommen und findet, daß ich mich schon ganz gut durchgesetzt habe nach dieser Trennung – sie hatte ein bißchen Angst, daß ich das nicht schaffen würde. Sie ist eben noch völlig anders erzogen.
Sie hatten aber keine Angst davor?
Nein, da nicht mehr! Das hing natürlich damit zusammen, daß ich meine ersten Erfolge hatte. Sonst wäre es mir gewiß sehr viel schwerer gefallen. Ich mußte schon einen Weg suchen, um überhaupt weiterzuleben. Sechzehn Jahre aus dem Beruf, wieder hinein – was mir zwar nicht so schwerfiel, weil ich mich ja ständig mit Literatur auseinandersetzte –, aber was verdiene ich denn da? Netto tausend Mark als Buchhändlerin. Als Schriftstellerin verdiene ich allerdings auch nicht mehr.
Ich kriege natürlich für die Kinder Unterhalt, aber nicht für mich, das lehne ich ab. Allein könnte ich das finanziell nicht, z. B. die Wohnung bezahlen. Eine Freundin, die auch ein Kind hat, ist zu mir gezogen, und gemeinsam geht das sehr gut. Das Wirtschaften geht einfacher. Die Kinder sind nie allein. Meine Freundin ist Krankenschwester und arbeitet so, daß sie mittags meist wieder im Hause ist.
Haben Sie noch Kontakt bzw. verstehen Sie sich mit Ihrem Mann jetzt noch?
Jetzt eigentlich noch besser als vorher. In der letzten Ehezeit gab es bei uns sehr häufig Spannungen, wir waren nie offen zueinander. Diese latenten Spannungen haben den Kindern sehr viel zu schaffen gemacht, obwohl wir auch mit ihnen darüber gesprochen haben, lange vor unserer Trennung. Das ist jetzt sehr viel besser. Auch das Verhältnis der Kinder zu ihrem Vater ist dadurch positiver geworden. Jedenfalls in letzter Zeit. In der ersten Zeit hat er sich überhaupt nicht um sie gekümmert.
Haben Sie sie deswegen zu sich genommen, weil er sich nicht um sie

gekümmert hat oder wollten Sie sie auf jeden Fall behalten?

Ich hätte sie nicht weggeben wollen. Aber davon abgesehen, mein Mann ist ein sehr labiler Mensch. Ich hätte ihm die Kinder nicht überlassen können.

Wie schätzen Sie Ihren Werdegang und Ihre Lage ein? Haben Sie den Eindruck, daß es besonders schwer war?

Es war besonders schwer. Es kostete extrem viel Kraft. Ich wollte ja weder heiraten noch Kinder haben. Es ist sozusagen passiert, und ich mußte dann heiraten. Ich fühlte mich durch den Druck von außen dazu gezwungen. Das zweite Kind wollte ich auch nicht, das ist mir noch mal passiert. Damals gab es noch keine Pille. Bei mir hat sich das alles irgendwie fast mechanisch ergeben. Mir fehlen auch irgendwie ein paar Jahre. Ich habe extrem viel gelesen. Alle Bücher, die hier stehen, habe ich auch gelesen. Aber sonst ist eigentlich während meiner siebzehn Ehejahre sehr wenig mit mir passiert. Ich habe auch nicht sehr viel geschrieben. Mal Gedichte oder Kurzgeschichten, aber nicht viel. Heute kann ich es einfach gar nicht mehr begreifen, was mit mir überhaupt war. Ich würde es nie wieder machen. Ich habe das immer gesagt. Wo nun die Kinder da sind, kann ich sie allerdings auch nie weggeben, dazu liebe ich sie zu sehr. Obwohl ich mir manchmal sage, wenn ich sehr böse mit ihnen bin, daß es doch viel einfacher wäre, sie nur an den Wochenenden zu sehen, dann ist man eben die «Liebe». Der Alltag sieht ja ganz anders aus.

Haben Sie das Gefühl, daß Sie ein Spätentwickler sind?

Ja, das war ich schon immer, auch in der Schule. Ich fühle mich eigentlich erst jetzt so, wie ich schon immer sein wollte. Das ist es genau. Ich habe mich noch nie so jung gefühlt. Ich war immer sehr abhängig von meiner Mutter, während der ganzen Erziehung. Ich bin ohne Vater aufgewachsen, ich kannte ihn nicht.

Männer habe ich im Grunde nie als Feinde angesehen. Ganz im Gegenteil. Das geht mir auch heute noch so. Männer sind meine Kumpel. Ich bin in einer Straße aufgewachsen, in der nur Jungen wohnten, das war Zufall. Ich war auch eine sehr gute Fußballspielerin, spiele heute noch gern Fußball. Ich hatte also immer ein kumpelhaftes Verhältnis zu Männern und hatte gar nichts gegen sie. Aber meine Mutter hat mich eben wie ein Mädchen erzogen. Zu Hause mußte mein Bruder gar nichts machen, während ich alles machen mußte. In den ersten Jahren meiner Ehe war ich auch eine ordentliche Hausarbeiterin. Mein Mann war eigentlich der erste Mensch, mit dem ich gut reden konnte. Es ist fast tragikomisch – ich habe mich von ihm getrennt, weil wir nicht mehr miteinander reden konnten, geheiratet habe ich ihn aber, weil wir so gut miteinander reden konnten. Wir hatten dieselben Interessen, wie Malerei und Philosophie, und haben nächtelang diskutiert. Das war so mein erstes großes Erlebnis.

Ich komme aus einer kleinbürgerlichen Familie. Das erste Buch, das meine Mutter gelesen hat, war mein erster Roman, obwohl sie als junges Mädchen selbst geschrieben hat. Sie hat ein sehr feines Gespür für Literatur. Aber der Haushalt ging ihr eben immer vor. Wenn ich früher gesagt habe, daß ich unheimlich viel geschrieben hätte und froh darüber wäre, fand sie, daß ich lieber mal meine Fenster putzen sollte. Das ist eben diese Erziehung. Sogar heute habe ich manchmal noch ein schlechtes Gewissen, wenn ich merke, daß ich den Haushalt nicht so ganz im Griff habe.

Im Beruf hatte ich eigentlich mehr mit Frauen zu tun, was wohl an dem Beruf Buchhändlerin liegt, der so schlecht bezahlt wird, daß ihn fast nur Frauen ergreifen. Meine Chefs waren zwar Männer, aber von denen fühlte ich mich auch nicht so direkt unterdrückt. Die direkten Vorgesetzten waren wieder Frauen. Abteilungsleiterin, Filialleiterin.

Könnten Sie sich heute wieder ein Zusammenleben mit einem Mann vorstellen?

Nein, das würde ich ablehnen.

Wie kann denn eine Frau, die alleine lebt, ihre Isolation durchbrechen?

Das einzige, was ich immer wieder feststelle, ist, daß diese Gesellschaft uns zwingt, nur außenpolitisch zu denken. Es gibt keine Innenpolitik mehr. Ich meine damit die Politik innerhalb der Familien, Wohngemeinschaften. Jeder Mensch muß seinen eigenen Weg finden. Ich glaube aber, daß es heute mehr Hilfen gibt als zu meiner Zeit, als ich anfing, mich zu befreien. Da ist die Frauenbewegung. Man darf sie nicht unterschätzen, obwohl sie ganz allgemein in einer Krise steckt. Alles, was um die Frauenbewegung herum geschieht, Zeitschriften, Filme über Emanzipation, Frauenforum usw. ist doch eine Hilfe oder gibt zumindest Denkanstöße für immer mehr Frauen. Vielleicht ist der Gedanke von mir etwas utopisch, doch glaube ich, daß eine Frau nur zu sich selbst finden kann, wenn sie Kontakte zu anderen Menschen aufnimmt, da die Isolation für sie sonst zu stark ist. Viele Frauen trinken, um ihre Isolation zu überwinden. Ich habe das in der Siedlung sehr stark erlebt. Kontakte nach draußen herzustellen, wäre eine Alternative, und das gelingt heute immerhin viel mehr Frauen als wir denken. Zum Beispiel gibt es heute viele kleine Frauengruppen, nicht nur im Zentrum, sondern in allen Stadtteilen, die sich wöchentlich treffen, um miteinander zu reden. Das passiert doch heute immer mehr.

Soviel ich gegen die Pille auch habe, andererseits ist es ja so, daß die Frau damit rein technisch ihr Sexualleben mehr steuern kann und dadurch natürlich auch mehr Selbstbewußtsein bekommt. Es fängt schon mal so an, daß die Frauen sich nicht mehr alles von den Männern gefallen lassen. Da beginnen aber auch die Auseinandersetzungen. Es gibt leider immer noch sehr viele Frauen, die Angst vor Auseinandersetzungen haben, weil – das muß man wieder gesellschaftlich sehen – die Frauen, besonders die mit Kindern, in dieser Gesellschaft überhaupt keine Chance haben, allein zu leben. Ich erlebe das ja so oft, wenn Frauen dann zu mir kommen und mich um Rat fragen. Da gibt es keine Rezepte.

Man muß also alles irgendwie mal selbst durchgemacht haben. Es reicht nicht, wenn man von Verbesserungen nur träumt.

Nein, es ist auch wichtig zu träumen. Manche Frauen haben nämlich sogar davor Angst. Dialektisch gesehen haben Träume immer mit der Wirklichkeit zu tun. Wenn ich etwas träume, versuche ich doch auch immer, das irgendwann einmal umzusetzen. Es müßte mehr Frauen geben, die es wagen zu träumen, was auch wieder für Männer gilt. Denn das ist ja überhaupt ein Grund, warum so viele Ehen zerbrechen: daß sich die Menschen heute nicht mehr trauen zu träumen. Der wichtigste Grund ist der, daß fast kein Mann, selbst die sensiblen Männer, die ich inzwischen kennengelernt habe, und auch die sogenannten Softies, Gefühle rauslassen. Die gehen nur, selbst wenn sie Alkohol trinken, bis zu einem bestimmten Grade, dann machen sie dicht. Man kommt fast nie an sie ran. Das finde ich sehr schlimm. Das war übrigens auch das Motiv dafür, in meinem letzten Roman eine männliche Hauptperson zu wählen. Ich habe richtig hochnäsig gedacht, daß ein männlicher erwachsener Schriftsteller es offensichtlich nicht schafft, einen Jungen, der in dem Alter eigentlich noch in seinen Gefühlen ungebrochen ist, zu beschreiben, vermutlich, weil er selbst schon wieder viel zu verschüttet ist. Ich bin da sehr engagiert, weil ich selbst einen Jungen habe und nicht will, daß er auch so wird.

Ich meine, die Lebenslinie kann ja ruhig schlängelig sein. Man muß ja nicht einen vorgefaßten Lebensplan haben.

Das kann ich nur subjektiv beantworten. Für mich war die Familie erst mal ein Anstoß und Anlaß für meinen ersten Roman. Das zu beschreiben, was es heute nur noch wenig in der Literatur gibt: nämlich kleinbürgerliche Familien mit Kindern. Das war für mich schon ein Anlaß, zu schreiben. Aber ich kann nicht sagen, was geworden wäre, wenn ich nun nicht geheiratet hätte. Ich kann nicht sagen, ob ich dann überhaupt zum Schreiben gekommen wäre.

Es ist bei Ihnen also nicht so, daß Sie sich durch die Familie etwas verbaut haben? Sie haben das erreicht, was Sie sich vorgestellt haben, nur den Zeitpunkt hatten sie nicht im Griff.

Wahrscheinlich wäre ich sonst schon zehn Jahre eher aktiv gewesen. Aber dafür habe ich ja auch sehr viel durch meine Kinder gelernt, auch Kreatives. Ich weiß gar nicht, weil ich ja Autodidakt bin, ob das sonst alles anders geworden wäre. Ich habe nicht studiert, nur meinen Realschulabschluß gemacht. Das «nur» rutscht mir schon so raus, die meisten Schriftsteller haben nämlich studiert.

Hat nicht jede Frau die Möglichkeit, Ziele, die sie am Anfang vielleicht nicht so konsequent verfolgen konnte, später wieder aufzunehmen? Man muß ja nicht annehmen, daß mit einer Entscheidung das ganze Leben bestimmt sei.

Das kann ich im Grunde auch nur ganz persönlich beantworten. Als ich damals in den Werkkreis ging, hatte ich gar nichts. Ich habe nur so vor mich hin geschrieben, es war seinerzeit tatsächlich mein Hobby. Ich konnte ja nichts vorweisen. Ich hatte nichts weiter als die Lust zu schreiben und die Überzeugung, daß ich schreiben könnte. Und dann habe ich mir eines Tages gesagt: Schluß, ich mach das nicht mehr mit. Ich will nicht jeden abend neidisch da rumsitzen und auf meinen Mann warten, ich gehe selbst weg. Da war ich noch nicht in der Frauenbewegung. Aber das liegt auch am Temperament eines Menschen. Es gibt eben keine Patentrezepte für einen solchen Entschluß. Aber ich glaube, daß es für jede Frau möglich ist.

Wir Frauen brauchen einen gesunden Egoismus, d. h. wir müssen uns selbst annehmen und endlich den ungesunden Egoismus, nämlich unser permanentes Aufgehen in anderen Menschen, aufgeben. Dann würde meines Erachtens der Begriff «schlechtes Gewissen» verschwinden, unter dem doch so viele Frauen leiden.

Wir müssen endlich unser permanentes Aufgehen in anderen Menschen aufgeben

Ulrike: Es gibt viele Frauen in der Generation, die jetzt so um die vierzig ist, die haben das richtig gelernt. Wenn sie eine Familie haben, meinen sie, daß sie für das Wohl der Familie und jedes einzelnen Familienmitgliedes verantwortlich sind und daß sie dafür zuständig sind, die anderen glücklich zu machen. Sie sind der Prellbock zwischen Kindern und Mann. Sie müssen ausgleichen, was der Mann auf der Arbeit auszustehen hat und worunter er leidet. Irgendwie ist es so, daß alle in der Familie leben können, wie sie wollen, und die Frau muß für die Harmonie und das Glück der einzelnen sorgen. Das gilt als weiblich, immer so ausgleichend tätig zu sein.
Eine Frau, die sich freiwillig ihrer Familie opfert, hat natürlich auch selbst schuld, weil sie das zuläßt, daß sie geopfert wird, aber trotzdem sind die, die sie opfern, die schlimmesten, weil die ihr auch noch einreden, es sei nötig und es sei eine tolle weibliche Tat von ihr.
Es ist auf der anderen Seite auch wieder gut, daß es überhaupt jemanden gibt, der schlichtet und gute Stimmung macht und für alle sorgt, aber daß die anderen ihr das ganz allein übertragen, das ist eine enorme Überforderung. Außerdem macht man mit diesem ewigen Einsatz für die anderen auch ganz viel kaputt, denn es entsteht so eine Scheinharmonie. Unter der Oberfläche wird die Zuneigung zueinander immer mehr zerstört, und die Unselbständigkeit der Kinder und des Mannes werden immer größer. Das merkt man dann, wenn die Mutter mal krank ist und ins Krankenhaus muß. Die Frauen verhindern mit ihrer Aufopferung, daß die Fronten aufeinanderprallen, dabei würden sich die anderen einen viel größeren Respekt voreinander bewahren können, wenn sie es lernten, sich wirklich auseinanderzusetzen. Es ist nicht nur so, daß die anderen dadurch unselbständig gehalten werden, son-

dern es ist auch eine Selbstverleugnung ihrer Interessen und ihres ganzen Wesens. Das geht eben bei Frauen ganz von selbst mit der Säuglingspflege los. Das ist gut und bis zu einem gewissen Alter ja auch sinnvoll, aber ganz allmählich übernehmen alle Familienmitglieder diese Mütterbereitschaft und fordern sie für sich auch danach weiter. So sind die Mütter dann auch überbelastet mit ihrem Hausfrauenjob und haben weder Zeit noch Kraft, eigene Interessen zu entwickeln.

Gegen dieses Aufgehen und diese Aufopferung muß man sich dringend wehren, denn sie wird mit der Zeit ja auch immer sinnloser, am Ende nützt es überhaupt keinem in der Familie mehr, und die Frauen sind auch unglücklich, die das tun. Aber das sitzt tief drin und wird ja auch durch das Christentum bestätigt, daß allerdings fälschlich immer so ausgelegt worden ist, daß man sich für andere aufopfern soll und daß das besonders Frauen betrifft.

Wenn ich mir vorstelle, wie wenig man normalerweise erfährt von Leuten, die man schon kennt

Ulrike, Elisabeth und Christine über die Interviews

Ulrike: Es hat mir Spaß gemacht, Leute kennenzulernen, die was gemacht haben, was ich gut finde. Ich weiß zwar, daß mir in einem Interview niemand sein ganzes Leben schildern wird, aber er kann so einen kleinen Einblick geben und erzählen, welche Möglichkeiten er hatte und in welche Richtung er sich entwickeln wollte. Mir war wichtig, ob es überhaupt Leute gibt, die so meinen Vorstellungen entsprechen, oder ob es Ansätze dafür gibt. Ich habe mich eben vor so einem Berufsleben gegraust, wo man abhängig ist und entweder wie verrückt arbeitet und Ehrgeiz entwickelt, oder 'ne blöde Arbeit macht, die einen nicht befriedigt, und man dann nur in der Sehnsucht von einem Wochenende zum anderen lebt oder meint, im Urlaub muß es nun ganz toll losgehen. Und irgendwie haben mich fast alle von diesen Frauen darin bestärkt, daß es eben nicht so laufen muß und daß man auch anders leben und arbeiten kann. Das fand ich gut. Soweit gingen meine Erwartungen am Anfang noch nicht mal.

Elisabeth: Na, ich wußte vom Titel «Wie schafft ihr das?», daß da Frauen befragt werden, die schon was geschafft haben. Ich habe auch erwartet, daß die bestimmt noch nicht fertig sind und auch nicht fertig sein wollen, aber eben schon was hinter sich haben, von dem sie berichten können. Ich wußte auch, daß sich der Titel nicht nur auf die Arbeit oder die Karriere bezieht, sondern auch auf die persönliche Entwicklung, und ich war neugierig, ob ich etwas für mich dabei herausfinden könnte beim Zuhören. Am Anfang, bei den ersten Interviews, kamen mir die Frauen so einmalig und toll vor, daß ich für mich gar nichts dabei wichtig fand. Ich dachte, so 'ne Karriere, die gibt's nur einmal, und leider ist der Job jetzt besetzt. Genauso wie die wollte ich es auch haben.

Aber bei den nächsten Interviews merkte ich dann, wie blöd diese Bewunderung ist. Also ich glaube, das ist sowieso eine Gefahr, daß man sich leiten läßt von dem Eindruck, den jemand macht, oder von dem

Ergebnis, das einer aufzuweisen hat. Und dann findet man alles ganz toll an ihm und sieht nicht mehr, daß dem Ergebnis Schritt für Schritt eine Entwicklung vorausgegangen ist, die eigentlich ganz deutlich ist und nachvollziehbar und gar nicht ausgeschlossen für einen selbst. Es kriegt leicht jemand so was Unerreichbares, oder man denkt: so was kommt für mich nicht in Frage. Bloß, weil er so viel geschafft hat. Den Weg dahin kennt man nicht und kann ihn sich auch gar nicht so leicht vorstellen. Na ja, das gilt ja auch für Leute, die irgendwie gescheitert sind, im negativen Sinne. Bloß da ist es ganz schlimm.
Ich kann das jedenfalls auch schaffen, was die meisten dieser Frauen machen. Die hatten mir am Anfang nichts voraus, finde ich. Es kommt eben nur darauf an, wie man etwas macht. Das habe ich erst im Laufe der Interviews gelernt, und darüber freue ich mich richtig, weil das für mich ein tolles Ergebnis ist.
Christine: Also, die haben gemeinsam, daß sie zum Beispiel nicht besonders anpassungsfähig sind. Mutig sind sie auch. Jedenfalls mutiger als die meisten Frauen. Einige haben zunächst versucht, sich mit der Frauenrolle, die die Gesellschaft von ihnen fordert, zu identifizieren. Sie sind da durchgelaufen als Mädchen. Deutlich wird das auch daran, daß ein paar von ihnen mal geheiratet haben. Von fast allen kann man sagen, daß sie nicht voll zufrieden sind. Gemeinsam haben sie auch so was wie 'ne Sicherheit. Sie sind ja auch respektierte Frauen, die von ihrer Umwelt eine Bestätigung bekommen. Bei einigen ist es, glaube ich, mehr eine Selbsterkenntnis, die zu dieser Sicherheit führt. Wenn du Selbstbestätigung suchst, hast du ja schon ein bestimmtes Bild von dir, und du bewegst dich in den Kreisen, wo das anerkannt und gefördert wird. Wenn du diese Bestätigung plötzlich in derselben Gruppe nicht mehr findest, weil irgendwas passiert ist, was deinen Weg stört, oder wenn es auch nur eine Erkenntnis ist, die dich zu einem Wechsel zwingt, dann kommt es zu einer Krise.
Traute hat ja auch gesagt, wie wichtig es ist, mal mit sich allein zu sein, also sich mal zu zwingen, allein zu leben. Wahrscheinlich kann man sich nur dann diese Gruppenabhängigkeit klarmachen und von der Bestätigung durch andere abkommen. Nur so kann man wohl auch von der Vorstellung abkommen, die man von sich hat, und so was wie Selbsterkenntnis haben. Es ist eigentlich am besten, wenn man sich die Wege nicht so genau vorzeichnet, weil man ja doch früher oder später darauf kommt, daß es so nicht geht und daß man alles viel zu eng gesehen hat,

und wenn man sich nicht so genau festlegt, muß man auch auf die Bestätigung von außen verzichten und kann etwas mehr nach innen horchen, um herauszufinden, was man selbst will.
Man kann nicht sagen, daß alle zufrieden sind oder so. Nach drei Stunden Kennenlernen geht das sowieso nicht. Die Frauen wollten sich ja auch irgendwie darstellen und von uns auch akzeptiert werden.
Elisabeth: Solche Gespräche habe ich überhaupt noch nie geführt. Mit den Mädchen aus der Schule, die ich noch kenne, geht das gar nicht. Da wird nur über Freunde oder Klamotten geredet. Dann gibt es noch die Bekannten und Verwandten der Eltern, aber mit denen redet man nicht so. Von daher gibt es eben überhaupt keine Informationen.
Was Frau ist und ich auch mal werden soll, das war für mich immer meine Mutter. Sie verkörpert für mich die Hausfrau und Mutter, und zwar ganz toll, so von mir aus gesehen. Sie ist auch kritisch und will Dinge verändern, aber sie beschränkt sich dabei auf Haus und Familie. Daß man auch durch den Beruf und die tägliche Auseinandersetzung etwas erreichen kann, das habe ich bisher nur von Männern erfahren. Natürlich bin ich immer dagegen gewesen, daß das nur Männersache ist, also ich wollte auch immer unbedingt einen Beruf haben und Mann und Kinder erst mal überhaupt nicht, aber ich habe auch Angst vor einer Arbeit, die mich gar nichts angeht, und wo ich dann immer mit Leuten kämpfen muß um irgendeinen Posten. Ich wollte eigentlich im Leben um viel mehr kämpfen als um so was, aber ich wußte nicht genau worum und wie. Das war so eine Kinderspinnerei, daß ich irgendwas Großes verändern wollte. Jetzt denke ich, daß man nur verändern kann an sich selbst, also Offenheit und Veränderungsbereitschaft zum Prinzip macht bei sich selbst und nicht so ein konkretes Ziel oder Ergebnis sieht.
Christine: Die Frauen stehen alle irgendwie ganz gut da, aber man kann nicht sagen, daß sie privilegiert sind. Privilegiert wird man ja von anderen. Privilegiert ist man durch die Möglichkeiten, die man hat. Na, und die haben sie sich selbst geschaffen. So 'ne Unabhängigkeit von dem, was andere wollen.
Sie tun das, was für sie wichtig ist. Jedenfalls gilt das besonders für Doris Pott, Dagmar Kelch, Marie Marcks, Susanne Klippel und Margot Schroeder. Also so eine Unabhängigkeit haben sonst nur Bonzen in unserer Gesellschaft. Entweder ist man abhängig und andere bestimmen über einen, oder man ist unabhängig und bestimmt über andere. Ab-

hängig vom Geldverdienen ist jeder, aber die eigentliche wichtige Arbeit ist für diese Frauen eben was anderes. Doris Pott zum Beispiel hat ja immer irgendwie Geld verdient, aber ihre richtige Arbeit und was sie wirklich beschäftigte und heute auch noch beschäftigt, ist eben was anderes. Jedenfalls bestimmen diese Frauen über sich selbst, und das haben sie sich ja auch selbst so eingerichtet. Sie haben sich damit auch enorme Vorteile verschafft, ganz bewußt.

Ulrike: Ich finde, daß sie die Vorstellung von Arbeit, die sie mal hatten, verwirklicht haben. Also das ist nicht nur so eine Idee geblieben. Die meisten haben doch nur eine Idee im Kopf, hinter der sie ihr ganzes Leben lang hinterherhinken und dabei andere für das Versäumte beschuldigen. Meine Mutter wollte zum Beispiel immer studieren und hat es nicht getan, auch später nicht, als wir schon größer waren und sie geschieden, dabei hat sie keiner gehindert. Aber das hängt eben auch mit dem Willen zusammen oder mit dem Egoismus, den Margot Schroeder meint. Oder das Ziel ist zuwenig konkret und schwer erreichbar, dann bleibt es immer eine verpaßte Möglichkeit. Ich habe mit ihr nicht darüber geredet, es ist mehr so, daß ich jetzt herauskriege, was meine Mutter falsch macht.

Die Unabhängigkeit vom Mann ist wohl das Wichtigste für eine Frau. Das ist nicht nur materiell, sondern geistig ganz wichtig.

Eigentlich haben diese Frauen noch was anderes ganz wichtiges geschafft, was eben auch Männer angeht, nämlich den Ehrgeiz und Anspruch und das Rangordnungsdenken fallengelassen, das ihnen die Schule beigebracht hat. Da steht doch im Mittelpunkt der Fleiß und das Übertrumpfen und das stetige Arbeiten, auch wenn es sinnlos ist, und nicht, daß Menschen lernen, mit sich und ihren Mitmenschen umzugehen und Kontakt herzustellen. Die Vereinzelung des Menschen, so wie Susanne Klippel das sieht, das wird ja gefördert und sogar der Kampf gegeneinander. Das setzt sich dann später fort.

Die Kommunikation, also nicht verbal, sondern auch emotional, die klappt gar nicht. Alle bauen sich einen riesigen Schutzwall auf, um sich nicht zu zeigen und auch selbst nicht mehr zu sehen.

Das machen Frauen so und Männer auch. Und das hält sie dann auch davon ab, sich mit sich selbst zu beschäftigen und dem, was einen wirklich was angeht. Sie vergessen, daß sie beide Menschen sind und daß dieser ganze Krampf und Kampf zwischen Mann und Frau und Mann und Mann und Frau und Frau nur ein Rollenspiel ist. Wenn man dieses

Rollenverständnis hat und sich so von der eigenen Menschlichkeit abwendet, dann wird man doch auch unempfindlicher für andere Menschen und für Unrecht und Recht und Unglück und Glück. Also auch das politische Verständnis und Einsicht in Machtverhältnisse, also das Interesse für Ursache und Wirkung, geht ganz verloren, weil es einen persönlich ja auch gar nicht so sehr trifft. Ich meine, man leidet ja gar nicht mehr so direkt unter irgendwas. Oder zumindest kann man es selber nur noch ganz schwer erkennen, woran man leidet. Da muß dann ein Psychiater her, um die Verletzung aufzudecken.
Diese Frauen, besonders Doris, Susanne, Marie, haben ein starkes Empfinden für ihre Umwelt, was ja so die Grundlage für ein politisches Engagement ist. Und das politische Denken ist ihre Antriebskraft.
Christine: Die Frauen waren alle so enorm ehrlich, das konnte man daran merken, daß sie auch bereit waren, sich mal zu verheddern, also sie haben nicht mehr so einen Schutzwall, und sie nehmen sich selbst auch nicht so tierisch wichtig, sondern sehen mehr, daß sie wie andere auch sind. Sonst wären sie uns gegenüber mißtrauischer gewesen. Wenn ich mir vorstelle, wie wenig man normalerweise erfährt von Leuten, die man schon kennt. Aber diese Frauen haben sich eben zusammengerissen und einfach was erzählt. Daß das mit ihnen ging, fand ich toll und das zeigt auch, daß sie schon viel über sich nachgedacht haben.